MEDIEVAL HOLIDAYS AND FESTIVALS

ヨーロッパの祝祭と年中行事

マドレーヌ・P・コズマン
MADELEINE P. COSMAN
加藤恭子＋山田敏子［訳］

原書房

はじめに

この本は、マドレーヌ・ペルナー・コズマン（Madeleine Pelner Cosman）によるMedieval Holidays & Festivals(Susan P. Urstadt Inc., New York, 1981)を訳したものです。

この本には、二つの特色があります。

一つには、主にイギリスにおける中世を中心とした祝祭典を忠実に、しかも生き生きと描こうとしていることです。こうすることによって、人びとは知らず知らずのうちに今日も行なっている習慣の起源を知り、〝古えの世界に想いをはせ、そこに憩う〟気分になるでしょう。

二つ目の特色は、その中世の世界を、今日の実生活の中に再現しようというのです。それも、高価な品物によってではなく、フェルトを切り抜いて旗飾りを作ったり、ちょっとした工夫で中世風衣裳を作ったり、バラのパンを焼いたりと、著者の提案は実際的です。

つまり、部屋の装飾から、衣裳から、そして料理から、すべての点で中世風な生活を再現してみよう――そのための具体的なアドヴァイスなのです。

読み進むうちに、私たちはふと、ある不思議な世界へと誘いこまれる気持になります。そこでは、バラの花弁が恋の未来を占い、大人がゲームに興じ、豊饒を願って木に乾杯を捧げる、みずみずしい感受性に豊んだ、素朴で華やいだ世界なのです。

著者のコズマン博士は、ニューヨーク市立大学の女性教授で中世学者。家族とともにニューヨーク市郊外の中世式の家に住み、中世風なハーブ・ガーデンを作っておられるそうです。彼女の作品には、〝ピューリッツァ賞〟と〝ナショナル・ブック賞〟の候補になったのもあります。

なお、日本の読者にとってなじみの薄いと思われるものについては、一章毎に、訳者による解説をつけました。

訳　者

ヨーロッパの祝祭典——もくじ

第１章
華やかな中世の祝典

なぜ人びとは祝典を行なったのでしょう？

なぜお祝いをしたのでしょうか。饗宴や断食、そして祝日など、なぜそういうものがなくてはならなかったのでしょう。この問いかけに紋切型で答えるよりも、中世の人たちにとっては、こんなたとえ話しをしてあげた方がわかりやすかったのです。

昔々のこと、ひとりの年老いた王様が、死に際に、自分の王国をきっちりと半分にして、二人の息子に分け与えました。新たな若い王たちは、それぞれに同じ大きさの領土と同じ数の領民、同じだけの家屋や農地を手に入れました。でも、この二人の王国は、夜と昼ほどに違っておりました。なぜなら、この若い王たちは、どこからみても正反対だったからです。ひとりは嫉妬深く、よくばりで残酷でした。もうひとりは寛大で、慈悲深く、心もやさしいのでした。意地悪な王は、〝ラボラ〟（労働）という国を支配しました。心やさしい君主の方は、〝デレクタ〟（快楽）という王国を治めました。

ある年のこと、ラボラ国の意地の悪い王は家来たちをじろりと見わたして、こう言いました。

「我が民どもは、お祭りや祝典にうつつをぬかしておる。休日にかまけて、予の為に十分に働いていないではないか。我が王国からすべてのお祭りを無くしてしまおう。これからは、誕生日も、音楽も、クリスマスも無しだ。」

隣りの王国デレクタでは、寛大な王が領民たちをたのしませることにたいそう熱心で

ありました。「これからは、毎日を休日とすればよかろう」と、彼は布告しました。仕事が楽しい人たちが働けばよいのだ。したくないことは、しなくてもよい。美しい音楽、豪華な饗宴、すばらしい衣裳、お気に入りの食べ物、甘いお菓子などが四六時中手に入ることだろう、と。

　はじめのうち、ラボラ国の民は王様が恐いので、できる限り一生懸命働きました。楽しいことなど、何もしませんでした。みんな不機嫌になり、やせ細っていきました。すぐお隣りのデレクタ国では、人びとは休みなくお祝い事をしていました。いつも歌ったり踊ったり、上等な食べ物を食べたりしておりました。好き勝手なことばかりしたので、丸々と太ってしまいました。

　さて、こうして一年たつと、両方の王国では何やら恐ろしいことが起りはじめました。ラボラの国土も、民も、動物たちも、疲れ切ってしまったのでした。「働け、遊ぶな」法令以前よりも、かえって収穫が低下してしまったのです。デレクタの方では、ほんのわずかな人びとしか仕事に精を出さなかったので、穀物、果物、野菜などの収穫が充分ではありませんでした。ゆきとどいた世話をされない動物たちは、仔も生みません。デレクタ国の民は、「遊べ遊べ」政策にすっかりうんざりしてしまいましたので、今ではパレードのきらびやかな色どりの槍旗がはためくのも目に入らないし、新しい余興のはじまりを告げるファンファーレの楽しげな響きに耳を傾けることもしませんでした。

　ところが突然に、両方の王国は〝なまけ怪獣〟と呼ばれる、獰猛な火を吹くドラゴンにおそわれたのです。この強いドラゴンはたいそう大きくて、ひどく悪辣でしたので、

弓矢で武装した戦士たちは、まるで太刀打ちできないのでした。ドラゴンの体は、どこもかしこも強力なはがねのうろこで固められておりました。その〝なまけ怪獣〟は、二つの国の人びとや領土の多くを焼きほろぼしました。

ある昼さがりのこと、ドラゴンは王たちの城めがけて、きなくさい火を吹きかけ始めました。〝なまけ怪獣〟は、黄金の財宝を両国から奪おうとしたのです。

ラボラの王は、城の一番奥の部屋にかくれておりました。デレクタの心やさしい王は、惨状をながめつつ、城の尖塔近くの回廊に立っておりました。ドラゴンがうろこをガチャガチャならしながら近づいてきました。高い、つんざくような叫び声。皮と金属をこがすような、それはいまわしい、ぞっとするような臭気をただよわせているのでした。王に向って、まっしぐらに突進してきます。冑に身をかため、弓をかまえた王は叫びました。

「わが王国にいったい何を望むのだ？」

巨大な翼をきしませながら、ドラゴンはゆっくりと旋回しました。そして王の前の胸壁を横切ってまっしぐらに飛んできます。周囲の木々の葉は、すぐに枯れてしまいました。兵士たちは皆震えおののき、楯のかげにちぢこまりました。善良なる王は、震えながらも仁王立ちになって、もう一回叫びました。

「いったい何が欲しいのだ。申してみろ！」

旋回しながら、ドラゴンは金切り声で叫びました。「口ずけを！」驚いた王はありったけの勇気をふるいたたせ、火と煙を吐いているドラゴンに思い切って歩みよると、そ

のいまわしい首筋に唇をおしあて、口ずけをしてあげたのです。
と不意に、荒々しくてきたならしい、獰猛な怪物の代りに、若く美しい婦人が立っているではありませんか。そして、こう言うのです。
「ありがとうございます。わたくしが大切にしているものを破壊させる魔法から、あなた様はわたくしを自由にして下さいました。わたくしの名前は、フェスティヴィティ——お祭りです。わたくしはクィーン・セレブレーション（祝典）の娘なのです。すべての休日を守るのが、私どものつとめです。生活にあくせくしているひとたちに、気晴しや娯楽を差し上げるのです。古い昔の物事をおろそかにしないようにしながら、時の流れに道標をしるしていくのです。過ぎゆく時に目盛をつけて、今に楽しいことがあると期待させてあげましょう。人それぞれにかけがえのない誕生日とか記念日とか祝日とかを、私どもが守って差し上げます。調和のとれた、生き生きした生活をさせてあげるのです。客人として、わたくしをもう一度、あなたやあなたの兄上の王国に暮させて下さい。」
デレクタの若い王は彼女をよろこんで迎え、それから後、皆で末長く楽しく暮したということです。

このように、お祭りや祝典は、人の心や体のためになるものなのです。休養、褒美、希望、秩序などを与えてくれるものなのです。お祭りがないと、生活が退屈で単調、つまらなくなってしまいます。でも、どんなに楽しいおもてなしでも、四六時中ではうん

祝宴の客人たちは、のこぎりの歯状のナイフで切り分けられた魚を優雅に指でつまんで食し、〝メイジャーズ〟と呼ばれる大きな杯から飲み物を飲んでいる。犬たちは施しを乞うて足元にいる。(Gregory's *Moralia*, 12th century. Paris, Bibliotheque Nationale)

ざりです。仕事と遊びはみごとに調和がとれていなくてはなりません。ある国民を知りたいと思ったら、その人たちの祝典を研究するのが一番の早道です。古い昔の文化をほんの少し学ぶだけで、かなりのことを知ることができるのですから。偉い指導者の冒険談や戦争談よりも、祝典や祭りの方が、よほどたくさんの重要な問いに答えてくれます。人びとは、何を美しいと思ったのでしょうか？　何がしてはいけないことだったのでしょうか？　ふだんの生活はどんなだったのでしょう。音色は？　味覚は？　どんな肌ざわり、どんな香りを好んだのでしょうか？　年寄りは、若い者と何を分ちあっていたのでしょう？　高貴な生れの人といやしい生れの人は、どんな接触を保っていたのでしょうか。古い時代の遺産とは、なんだったのでしょう。彼らの文化は過去を大切に、それともないがしろにしたのでしょうか。当時の人たちにとっての尊ぶべき思想とは？何が神聖だったのでしょう。気晴しには、何をしていたのでしょうか？

過去を再現し、そのよさをわかるようになるためにも、祝典は大切です。中世のお祭りを再現することによって、今日の私たちは、少なくとも四つのことを同時に行なうことができるのです。

まず、現代の思想とか習慣、たとえばティーカップの持ち方とか、どんなふうに優雅にひなぎくの花に手を触れるかとか、高価な宝石の計り方のような簡単なことでさえ、その起源に気づかされるのです。それから、祝典についての多くの疑問に答えてくれる本をただ読んでいるよりも、それを実生活で再現してしまった方が、はるかに生き生きと学ぶことができます。こうして、失われてしまうかもしれない美しい儀式とか立居振舞とかを受けついでいくこともできるのです。そしてまた、自分たちの生活に末長くぜひとも残しておきたい魅惑的な昔の風習が、少しはみつかるかもしれません。私たちの祖先の儀式の幾つかをとり行なうことが、私たちの未来を品位あるものにすることでしょう。しかも中世の祝祭日は、私たちをしばし中世の想いにひたらせるだけでなく、中世の世界を再現させてもくれるのです。

すばらしい饗宴

おとぎ話の中のような中世の饗宴に列席しているといたしましょう。

ヴェルヴェット、シルク、宝石、ブロケードなどで優雅な装いをこらして、宴会場へ列を作って入っていきます。身ぎれいな若い召使たちが、テーブルへと私たちを案内するのです。最も高貴な客人かホストが、他の客たちを見わたすことができる、そして彼らからもよくみえるように、いちだんと高い主賓席、またはダイスとよばれる壇上の主賓席につきます。主賓席の後には名誉ある席であることを示す、ボルダキンと呼ばれる意匠をこらした天蓋があります。長テーブルには、位階に従って着席します。

〝儀典官〟とは、饗宴の広間での進行係なのです。儀典官は、首から重いくさりのついた非常に大きな金色の鍵をさげています。心をこめて声を張り上げ、彼は客人たちを歓迎いたします。

「乾杯、乾杯、愛する友よ！　ウェルカム、ウェルカム！　元気に、親しき友たちよ！」
この上なくおいしい食べ物が優雅に供される前に、念入りな儀式が行なわれます。中

ボルダキン（天蓋）の下のダイス（主賓席）
（16世紀フランドルの暦より）

世の饗宴というのは、無作法な大食漢たちががつがつとむさぼり食べる粗末な食べ物とは程遠いのです。中世のおもてなしは、芝居がかった儀式なのです。ごちそうの味つけや口あたりと同じくらい大切なのは、色彩ともりつけなのです。お料理とエンターテイメントとは交互になっています。ごちそう、次に器楽曲、ごちそう、歌、ごちそう、手品、魔術、マイム、吟遊詩人の歌、ダンス、楽しい寸劇……というようにです。

儀典官の乾杯の音頭

儀典官が乾杯の歌を歌いながら、広間を通り抜けます。

さあ、乾杯しましょう、濃い木々の
　みどりの中を。
さあ、そぞろ歩きましょう、見るも
　あでやかに、
愛と喜びがあなたのところへ
　私たちの酒盛りの宴にもやってくる。
そして神様は新たな年に祝福を。

塩入れ

食塩の献呈

儀典官は、主賓席の客人たちに食塩を差し上げます。

その食塩は、凝った特異な形をした食塩入れに入っています。それは、実際に用いられると同時に、象徴的な意味も帯びています。高価なスパイスである塩は、地位を現わすのです。最も高貴な客人は、上座（above the salt）に着席し、その他は下座（below the salt）に着席します。食塩献呈の儀式から、今でも人びとは、晴れやかな場所のことを「上座」(above the salt）と呼んでいるのです。

パン係（パントゥラー）によるパンの儀式

次に、儀典官は自分の鍵を揺り動かしてパン係を呼び出します。この貴族出の召使は、パンの管理をまかされています。パン係は、厳かにパンのかたまりを運ぶために、〝パンを運ぶ〟という意味のポルトパンと呼ばれるふさ飾りのついた長い織物を肩にかけています。彼はよい香りのスパイスをきかせてきれいに着色した丸いパンの上皮を切り取ります。特殊なナイフを使ってパンの上の部分（アッパー・クラスト）を横に切り取り、一番身分の高い客人に差し上げるのです。このことは、その客人が男性であろうと、女性であろうと、貴族階級（アッパー・クラスト）の出であることを示しています。この

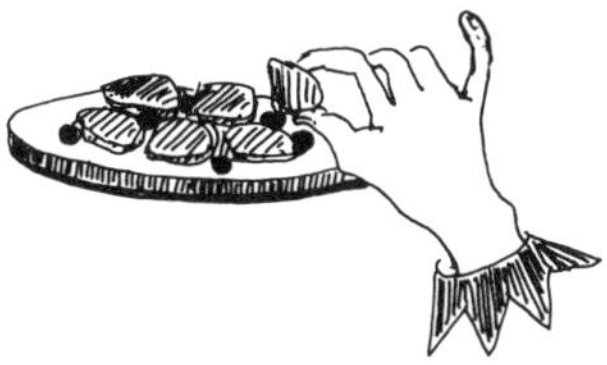

表現は、今日でも、社会的地位の最も高い人たちに使われています。

パンにはふつう、繊細な配色がほどこされています。赤はばらの花びらで、緑はパセリで、金色はサフランで着色されているのです。このようなよい香りをほどこしたパンのかたまりから、パン係は前もって、他の客人たちの大皿を作っておいたものでした。金属や磁器製の各自専用の皿はめったに使われませんでした。代りに、トレンチャーと呼ばれ、香りのよい本物のパンでできている食べられる大皿に、さまざまなフィンガー・フッドという、指でつまんで食べられるよう一口大に切ってあるごちそうがのっています。このトレンチャーには、ソースやグレービーの汁がたっぷりしみ込むので、食事の最後に口にするのに適した栄養たっぷりのおいしい食べ物になるのです。あるいは、翌日の朝食にワインに浮べて食べるためにトーストにしたりします。時には欲しがりやの室内犬たちにくれてやったり、お城の門前で待っている貧しい人たちにあげるために、お恵み用としてとっておいたりもするのです。アーマナー（施物分配係）と呼ばれる専用の召使が、アームズ・ディッシュ（alms dish）という大きなボウルにこのお恵みを集め、貧しい人たちに分配するのです。

洗盤係と水差し

儀典官は、次に洗盤係を呼びます。優雅なおじぎをしてから、スカーフのように首のまわりにまいたフリンジのついた長い布地の先をくるくると廻しながら、洗盤係はスパ

水差し

イスとハーブをきかせたぬるま湯で、客人ひとりひとりに手を洗ってもらいます。そのぬるま湯はアクワマニールという水差しからボウルの中へ注ぎ入れたものです。水差しはふつう、その口部が注ぎ口になっていて、ライオンやドラゴン、狼とか怪獣のグリフィンなどの面白い形をしています。

この手洗いは儀式のためだけではなく、中世の食卓にはスプーンやナイフはほとんど、フォークもなかったので、衛生のためでもあったのです。一番大切な食卓での道具といえば、むしろそれは丈夫でどこにでも運べ、そしてよく使いこなせて自由にのびる人間の手であり、指だったのです。饗宴の客人たちは皆、指を使って食べることで、食事の楽しみがまだ続くのだなと感じるのです。

優雅な指使いは大切で、どの指で肉をつまみ、魚はどの指なのか、フルーツにはどれかなどが決っています。指の何本かは、スパイス皿——ドライ・スイート・バジル、シナモン、粉からし、ブラウン・シュガー——へちょっとつけるために、ピンとさせておきます。今日でも、多くの人たちがティーやコーヒーのカップを持つ時に小指をピンとさせておりますね。なぜでしょう？　スパイス・フィンガーにみられるように、ある指はソースやグレービーには使わないでおくという、あの中世の作法に、宴会のマナーはならっているからなのです。食卓でのエチケットには、昔から上品な指使いが必要でした。

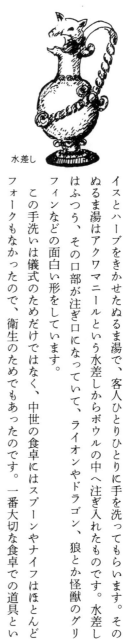

飲物の鑑識

乾杯、食塩の献呈、パンの儀式、パンで作った美しいお皿（トレンチャー）の創作、水差しを使っての手洗の儀式などを儀典官が指図してとり行なった後にも、さらに幾つかのならわしを最初のごちそうであるファースト・コースの始まりを告げるファンファーレの前に行なわなければなりません。

まず、カップ係が、ワインの検査をしなくてはなりません。飲み物は、バトラーという酒瓶や酒樽の係が注ぐのです。この検査によって主人や高貴な客人たち、参会者たちは、飲物はまじり気がなく安心して飲めるのだと納得するのです。この検査はクリーダンス（credence）と呼ばれ、お毒味のことです。時には、化学的検査をすることもあります。糞石のような石を液体の中に沈めます。もし不純物や砒素のような毒がワインの中に入っていれば、その石の色が変るのです。

乾杯と祝福

飲み物の鑑識がとどこおりなく終了すると、宴会の客人たちはグラスを上げます。儀典官は大声で「乾杯、乾杯！　大いにお飲み下され、ご一同の健康のために！」と再び叫びます。客人たちも、「乾杯、乾杯！」と答えます。おかかえ聖職者が、饗宴の

ごちそうに祝福を与えます。それから、角笛、トランペット、コルネット、ドラム、ベルなどが、十七皿、二十九皿、七十七皿、一二七皿のごちそうのうちの最初のコースを知らせるファンファーレを演奏するのです。

奇想天外なごちそう（イリュージョン・フード）

ファンファーレが響きわたると、お仕着せの給仕たちが、最初に主賓席の前に一皿ずつお料理を優雅な物腰で運んでまいります。次にえらい客人から順々に、お給仕をします。色々な味やくちあたりのごちそう、そして多種多様の食べ物はおどろくほどです。みごとに料理された肉、魚、鳥の肉、野菜、果物、お菓子などが味や匂いのほかに、目までも楽しませてくれるのです。やまうずら、雉、雄の孔雀のような美しい羽根をした鳥類がローストされ、そしてまるで生きてでもいるように、もう一度羽根でおおわれています。爪や口ばしは金色に塗られて、輝いています。〝イリュージョン・フード〟では、思いがけない驚きが楽しさにつながるのです。「あれかしら？」と思うと、じつは別のものなのです。

　たとえば、〝金のりんご〟は、金色に着色したパイ皮でくるんで、なんともいえぬよい香りのスパイスをきかせたミートボールで、マジパンで作った緑色の葉がつけてあります。〝聖ジョンの針ねずみ〟は針ねずみのようにみえるのですが、そうではなくて、肉でできた妙な動物の彫刻で、食べられる針をつけた、いなごまめの粉から作った茶色

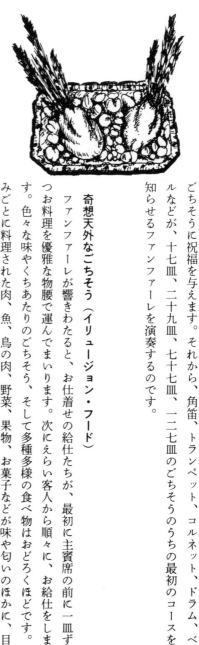

のカロブ・ペイストリーで包んであるのです。〝二十四羽の黒鶫パイ〟は、もちろん、お料理をした鳥が入っているわけではありません。中には鳥たちが安全に閉じこめられていて、パイに切れ目を入れると、放たれた鳥たちが、広間を飛び廻り、客人たちをびっくりさせることになるのです。

装飾菓子の天使

サトゥルティ（装飾菓子）

装飾菓子もまた、祝典の劇的なごちそうです。

サトゥルティとは、大きな綿菓子、アーモンド・ペースト、あるいはマジパンとか、パイの皮でできた彫刻なのです。象やライオン、火を吹くドラゴン（口にくわえているしょうのうと綿が燃えるなら）などのような動物を象どっていることもあります。時には食べられる彫像が、立派な女王、勇士、法王や、あるいは西洋梨の木とか、金の星のような、誰でも知っているシンボル、柵で囲った庭にいる一角獣のようにみえたりもするのです。

饗宴の音楽

饗宴の音楽は、お料理の到着を知らせるだけではなく、娯楽としても奏されます。楽人たちは給仕たちをしたがえて行列するとか、あるいは宴会の客の頭上の高い所に作られている特別の楽人用のギャラリー（室内バルコニー）から演奏することもあります。どんなににぎやかで浮かれた音楽でも、お祝いの曲というのはやはり消化を助けます。ですから、音楽はお料理とお料理の間だけでなく、食事の最中にも演奏されます。あるごちそうにはそれにあった特別のメロディーやリズムの方が、もっと消化を促進すると考えられています。そして、誕生日のごちそうや結婚披露宴には特に明るい雰囲気の音楽にします。

占星術による気質に合せたごちそう

メニューやごちそうの順序まで、饗宴の客の性格で決るのです。

中世の占星術によれば、生れた時間や黄道十二宮図は、肉体的外観、知性、生活態度などに影響を与えると考えられていました。占星術の運星は、四つの体液で体のバランスを取るのでした。これは生命を支える〝生命の流体〟――血液、粘液、黄胆汁、黒胆汁――なのです。この四つの体液が、四つの気質を決定します。希望をもって熱中する多血質、物事を安易にとる粘液質、興奮しやすい激高気質、悲観的なゆううつ質。

食べ物は体液のバランスを保ちます。祝宴や祝祭日では、そこで、占星術による気質にあわせたごちそう――酒宴の客それぞれに合せて準備された肉、ワイン、ハーブ、スパイス――が特色になってくるのです。儀典官はチーフ・コックを紹介して、気質に合せたごちそうのお給仕を指図させます。このごちそうは、健康に大切であると考えられ

宮廷礼儀作法の基礎である調理給仕法に従い、見習い中の若いプリンスがワインをついでいる。(Hans Burgkmair, *Der Weisskunig,* German, 15th century. Metropolitan Museum of Art, Gift of Anne and Carl Stein, 1961)

ています。

チーフ・コック

チーフ・コックは威張って歩き、また話しをします。首からは、自分の職務をあらわすしるしを誇らしげに下げています。これは、重い鎖のついた大メダルのように、胸の上でゆらゆらとゆれる、長い柄のついた味見用のスプーンなのです。彼は味見をして、ごちそうのよしあしを判断するのです。彼はまた、大きな羽根もたずさえています。これは、ごちそうに着色をほどこすために使われます。もし凝った美しいお料理が最後のお化粧を必要とするならば、この着色用ブラシがひかえているということです。チーフ・コックには二つの大切な職務があります。健康を守ることと、料理芸術を創造することです。

肉切り係（カーヴァー）

実際、饗宴の準備は、細かな点まで芸術的に行なわれます。

肉切り係は、肉を一人前ずつに切り分けなくてはなりません。しかも、肉切り係の動きはまるでダンサーのように優美ですし、ナイフをさまざまなしぐさで廻し、それに伴なって独特な足どりとおじぎをしなくてはなりません。それに、広い刃と柄の付いたナ

イフで特殊な切り方をするためには、適切な指使いをしなくてはなりません。切り分ける各々の肉に応じて、言葉づかいも独特です。「鹿をばらばらにする」「まがもを弱らせる」「いわしゃこの翼に傷をつける」「鳩をさばく」などです。

予告係（ウォーナー）

宴会のもうひとりのアーティストは、予告係です。予告係もチーフ・コックと同じように、羽根の着色用ブラシと、そったナイフをたずさえています。予告係は、装飾菓子のサトゥルティ——あの食べられる彫刻を創り出す責任者なのです。時にはブラシとナイフとともに大切なお料理が出ることを客人たちに知らせるために、広間をパレードするのです。サトゥルティは、時にはウォーナーと呼ばれるのですが、それを作る人たちもまた、そう呼ばれています。

宴会係（バンケット・オフィサー）

中世の饗宴というのは、すべての感覚を楽しませてくれる宴会劇場、バンケット・シアターなのです。儀典官は、主演俳優であると同時に、大切な観客を楽しませるために周到に仕上げられた台本にそって取りしきる舞台監督でもあるのです。他の役者たちは、すべて厳密な役割をになっていて、適切な登場と退場をするのです。それぞれが地位にふさわしい服装をしています。それぞれが職務に有用な、そして象徴ともなる道具をたずさえています。宴会場という舞台に登場する二十二人の一般的な宴会係は以下の通り

職名	象徴	仕事
施物分配係 (Almonor)	大きな慈善鉢	貧しい人たちの為にお恵みの食べ物を集め分配する
*酒類管理係 (Butler)	酒蔵の大きな鍵束	酒を管理し調合する
肉切り係 (Carver)	数本のナイフ	食卓で肉を切り分ける
*チーフ・コック (Chief Cook)	味見用スプーンと着色用の羽根	宴会の客人の健康を守り料理芸術を創作する
カップ係 (Cup Bearer)	味見用のカップ	酒類を検査し、まじりけなく安心して飲めるか毒味する
仕上げ係 (Dresser)	毛ぬきか、はさみ	給仕用の大皿にごちそうを盛りつける
手品師 (Juggler)	ボール(球)、短剣、リング	手品の実演
洗盤係 (Laverer)	水差しとふさのついた布地	手洗いの儀式
魔術師 (Magician)	ボール(球)、スカーフ、箱	魔術の実演
狩猟係 (Master of Venerie)	狩猟用の角笛	狩猟の見事な獲物を披露する
道化師 (Mime)	仮面	無言劇を演ずる

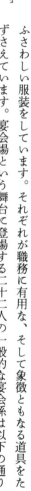

吟遊詩人 (Minstrel)	リュート（ギターに似た楽器）	歌を歌い楽しませる
*楽人 (Musician)	角笛か弦楽器	ファンファーレ、娯楽のための音楽や消化を助けるメロディーを演奏する
*小姓 (Page(s))	羽根のついた小さな縁なし帽	テーブルに客人を案内し、飲物をお酌する
*パン係 (Pantler)	房飾りのついた長い織物	パンの上皮を切り取り、トレンチャーを用意する
菓子係 (Patisser)	あわだて器	パイやケーキを作り、デコレーションをする
肉焼係 (Quistron)	厚手の手袋	肉を焼くために焼串をまわす
焼肉係 (Rotisser)	長い串	いかに美しく肉を串にさすかを決めて支度をととのえ、焼きあがった肉を供する
ソース係 (Saucer)	かき混ぜ用スプーン	ソースやたれを用意する
*給仕係 (Servitor)	肩帯(飾帯、肩から腰にかけたリボン)	テーブルにごちそうをうやうやくし給仕する
*儀典官 (Surveyor of Ceremonies)	非常に大きな鍵	饗宴をすべてとり仕切る
予告係 (Warner)	着色用の羽根と彫刻用ナイフ	装飾菓子を作る

です。

すべての領主の館がこれらの宴会係をそなえているわけではもちろんないのですが、多くはほとんどを持っています。小さめの館でも、星印のついている宴会係は少くともそなえています。仕事によっては、また、気軽に兼業できました。酒類管理係がカップ係にもパン係、肉切り係にもなれました。マイムの劇団が町にやってきたけれども、魔術師が足りない場合には、マイムの役者たちが素晴しい実演をしてくれます。つまり、魔術を無言で演ずるのです。

代表的な祝祭日の饗宴

以上の宴会係及びゆきとどいた儀式のすべては、ふだんのお祭りのためのものです。休日にはそれぞれに、特定の色調や服装、その季節ならではの食べ物や歌、ゲームや儀式などが加わります。中世の館でのクリスマスは、ミドサマー・イヴとはまぎれもなく違うのです。

しかし、特別な休日の祝典も基本的な饗宴の儀式を土台にしています。祝典の参加者は、必要に応じて「やること」を加えたり、はぶいたりするのです。たとえばミドサマー・イヴは「聖ジョージ劇」なしではすまされません。ですからこの祝日には、短いユーモラスなドラマが、吟遊詩人の歌や魔術のような、もっとふつうの余興に取ってかわるのです。

ヘンルーダ（ルー）

コース 1
上等の果物：プラム、まるめろ、りんご、ローズマリーとバジルをそえた洋梨、薬草ヘンルーダのパイ

エンターテイメント 1
リュート、ヴィオール、クルムホルン、ベル、ドラムなどの楽器による音楽

コース 2
聖ジョンの針ねずみ：刻んだ肉の入った風変りなはりねずみの形をしたカロブ・ペイストリー（聖ジョンのパン）

エンターテイメント 2
魔術師マーリン

コース 3
アーモンドの卵料理：アーモンドのオムレツ、カラント（種なし小粒干しぶどう）、はちみつ、サフラン入り

エンターテイメント 3
ボール（球）と短剣をたずさえた手品師

コース 4
ロースト・サーモンのオニオン・ワイン・ソース

エンターテイメント 4
吟遊詩人の歌

コース 5
フルーツ入りロイヤル・ライス：アーティチョークのブルベリーごはんずめ

エンターテイメント 5
バラードを歌い、物売りの真似

コース 6
甘酢っぱいお料理：マスタード、ローズマリー、松の実を巻きこんで、はちみつで照をつけた鶏の薄切り

エンターテイメント 6
たのしげに飛び踊るダンス、ガリアルダ、そして（それと対照的な）ゆっくりと堂々としたパヴァーヌ

コース7
占星術による気質に合せたハーブ・ケーキ

コース8
占星術による気質に合せたチーズ

コース9
鴨の手羽元：鶏と雉の手羽元のロースト

コース10
にわとこ占いのケーキ：想像力を駆使した小さなクッキー

コース11
ラウンドル皿に盛った丸型ケーキ：ラウンドルという丸皿にのせた小さなアーモンド・スパイスケーキ、丸皿に書かれた文字や歌を客人は歌わなくてはいけない

コース12
装飾菓子のパレード：お砂糖やパイで造形したお菓子をうやうやしく切り分けていただく

エンターテイメント7
4つの体液に合せたムード・ミュージック

エンターテイメント8
4つの気質に合せた歌

エンターテイメント9
剣を使った魔術と人間が浮きあがってみえる魔法

エンターテイメント10
サー・ガウェインと緑の騎士の剣

エンターテイメント11
火を使う手品師

エンターテイメント12
季節や特別の客人を讃える器楽の演奏。ショーンというたて笛（高く切りさく音を出す角笛と低いやわらかな音の角笛）が饗宴の終りを告げる

前頁に掲げたのは、典型的な十二コースの饗宴です。一皿の分量は少なく、食べやすいように切られ、上品に指でつまんでいただくごちそうです。その色調、調理の仕方、スパイスなどの取り合せで、ごちそうの形式が決ります。辛い食べ物の次には甘いもの、あっさりしたものの次にはこってりしたもの。デリケートな香りのハーブ・ケーキは、たっぷりスパイスをきかせたお肉の後に出されます。ファンファーレがそのつど、ごちそうの到着を知らせます。そして儀典官は、乾杯とかお酒の鑑識などの儀式を、すべて取り仕切るのです。

儀典官がとり行なう儀式

一、歓迎をあらわす乾杯の音頭および食塩の献呈。
二、パンのアッパー・クラスト（上皮）を切り取る。
三、酒類の鑑識。
四、手洗盤を使って手を洗う。

おもてなしの心くばり

さて次に、基本的な饗宴のプランです。
特殊な祝日のためには、冬、春、夏、秋、それぞれのデコレーションが加わります。

メイポールとかミドサマー・キャンドル・サークル、あるいはクリスマス・ユール・ログのような特殊なお飾りを作ります。最も豊かな城に住む人も、ひどくみすぼらしい小屋に住む者も、同じような年中行事を分ちあうのです。細かなところは、当然、違います。一方のメイポールは金と絹のリボンをつるし、宝石の冠を頂に飾ります。かたや、ひなぎくを上部に頂いたもうひとつのメイポールには荒縄が巻いてあるでしょう。でも、どちらも〝メイポール〟であることに変りはないのです。祝う人たちが高貴な騎士であろうと、ただの大工さんであろうと、メイポールのまわりで祝うならわしは、伝統的なものなのです。

同様に、聖ジョージのミドサマー・イヴのドラゴンは、おどけて、しかも凄味がなければなりません。このドラゴンは、みごとな仕掛けで動く羽根や煙を出すふいごがついている、ぜいたくなからくりの物かもしれません。あるいは、羊飼の少年が後ろ側で棒と糸であやつっている手織布のドラゴンを象どった凧を相手に、聖ジョージ役の貧しく年老いた鍛冶屋さんが戦ったりするのかもしれません。老いも若きも、王族も職人も、市長も村人も、皆がミドサマーを迎えるために同じしきたりに従うのです。

中世の祝祭日や休日を今日に再現するには、やはり基本的形式に従うべきでしょう。時間の許すかぎり、智恵をしぼれるだけしぼって、思い切りぜいたくに、あるいは、いっそのこと、あっさりとすることもできるのです。年の始めから終りまで、中世の暦の新年からクリスマスまで、お祭りや祝典で心がはなやぐのです。

第一章の解説

ヨーロッパの中世というのは、階級色の強い社会でした。当時は、祈る人―聖職者、戦う人―騎士、耕す人―農民、の三つの階級に分かれていたといわれています。

この本に描かれている祝祭典には、三つの階級に共通のもの、騎士階級と農民がそれぞれに祝うもの、騎士階級だけのもの、と三つの種類が含まれています。

たとえば、この章の主題である「饗宴」を眺めてみましょう。

〝宴会劇場〟と呼べるような、眼も舌も楽しませてくれるすばらしいごちそう、器楽曲、歌、手品、踊りなどの余興、台本にそって進行するかのような食事の儀式――このようなすばらしい饗宴が、誰にでも可能だったわけではありません。

当時の主な食物は、肉とパンでした。〝肉〟と言われて私たちの頭に浮ぶのは、牛肉、豚肉、それににわとりと羊の肉ですが、それだけではありません。流通の発達していなかった当時では、現地で取れるものを主に食べていましたので、栗が主食という地方もありました。肉にも、狩猟の獲物のいのししや鹿、野鳥類も含まれていました。

どちらにしても、一般の食生活は質素なもので、ここにでてくるような豪華な饗宴は、騎士階級だけのものでした。

肉の話の続きですが、一章の宴会に供されているのは、にわとり、あひる、雉、雄の孔雀、やまうずら、黒鶫入りのパイです。雄の孔雀（peacock）は、白鳥とともに、羽根の美しい鳥として知られています。焼き上げてから羽根を一枚一枚差しこみ、まるで生きているかのような豪華さに仕立てるのでした。白鳥も同じように調理されました。やまうずら（partridge）は、やぶや野原に住む茶色に黒点模様の羽根をした鳥です。

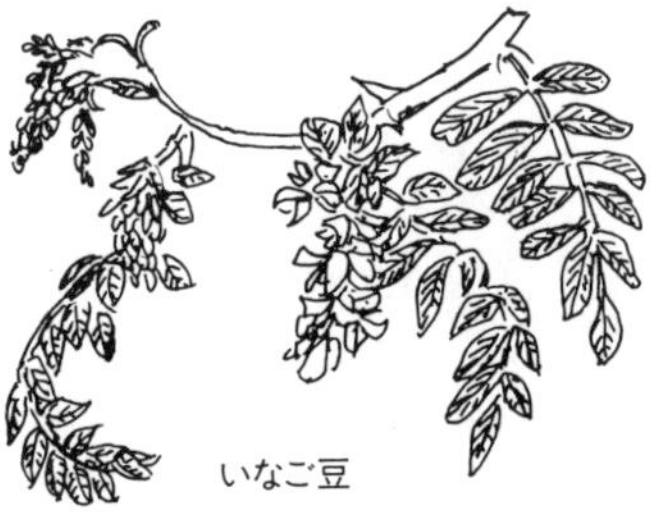

いなご豆

〝黒鶫（blackbird）入りのパイ〟は、焼き上げたパイ皮の中に鳥を閉じこめ、ナイフを入れると鳥が飛び出して客たちを喜こばせるという趣向ですが、イギリスの伝承童謡である「マザー・グース」にも有名な詩があります。

「六ペンスの　うたをうたおう
　ポケットは　むぎでいっぱい
二十四のくろつぐみ
　パイにやかれて
パイをあけたら
うたいだす　ことりたち
おうさまに　さしあげる
しゃれた　おりょうり？」（谷川俊太郎訳）
　(Sing a song of sixpence,/A pocket full of rye;/
　Four and twenty blackbirds,/Baked in pie.
　When the pie was opened,/The birds began to sing;/
　Was not that a dainty dish,/To set before the king?)

この他の肉としては、うさぎ、鳩など、まだたくさんありました。

パンは粗い小麦粉から作るのでとても固いところから、大皿のトレンチャー（trencher）代

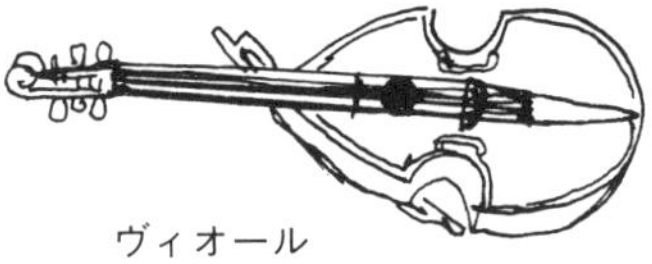

ヴィオール

りに使われたのでした。今日のような白パンでは、汁がすぐに洩れてしまうでしょう。

耳慣れない食物としては、まずカロブ・ペイストリー（carob pastry）。カロブは別名いなご豆（locust bean）とも呼ばれ、主に地中海沿岸地方に育つ樹木で、長い莢の実をつけ、ジャムにもパイにも使われます。

コース1に供されるまるめろ（quince）は、かりんに似た毛の生えた果実で、そのまま食べられるほかには、ジャムや果実酒にもなります。

同じコースの〝薬草ヘンルーダのパイ〟ですが、南欧原産のヘンルーダはルー（rue）とも呼ばれる七、八十センチ丈の木で、強い香りがあり、葉は苦く、昔から万能薬として用いられました。イギリスの詩人ミルトン（John Milton, 1608–1674）の旧約聖書に出てくるアダムとイヴの楽園喪失を扱った叙事詩『失楽園』（*Paradise Lost*）の中でも、天使がアダムの眼をいやすために、

「次に、見るべき物多ければ、こごめ草と茴香《ういきょう》もて視神経を浄め、生命の香より三摘をそそぐ」（繁野天来訳）となっています。この〝茴香〟の箇所が、原文では〝rue〟です。

コース5にでてくるアーティチョーク（artichoke）は朝鮮あざみですが、このごろ日本でも売られるようになりました。

コース10のにわとこ（elderberry）は、六、七月に白い花の咲く小さい木で、黒い実をつけますが、花も葉も匂いがよくないことも一因となって、ユダや死を連想させるようです。スパイスの説明は後に譲ります。

また、宴会でのエンターテイメントの6として二つのダンスが踊られますが、ガリアルダ（galliard）は三拍子で速い賑やかな踊り、パヴァーヌ（pavane）は二拍子（または三拍子）の

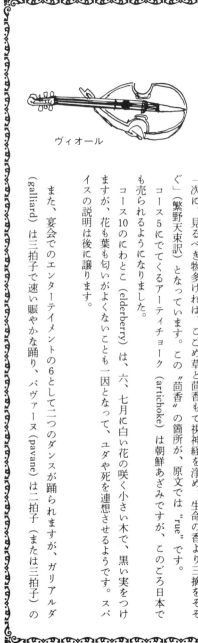

ショーン

ゆっくりとした宮廷で好まれた踊りでした。
同じく10には〃サー・ガウェインと緑の騎士の劇〃が行なわれるとありますが、Sir Gawainはゴーウェンとも呼ばれ、実在の人物ではありません。アーサー王の甥で円卓の騎士の一人、勇と智と徳を具えた人物として、ヨーロッパ各国の物語に登場しています。

宴会用の楽器としては、今までに角笛、トランペット、コルネット、ドラム、リュート、クルムホルン、ヴィオール、ショーンと、すでに数多く出てきましたが、ここではクルムホルン（krummhorn）とヴィオール（viol）だけを取り上げましょう。
クルムホルンは古い木管楽器で、円筒管の下は曲り、オーボエ、クラリネットに近いものだったと言われています。ヴィオールは十三世紀頃に前のより原始的な楽器から改良され、ヴァイオリンの母体となった弓弦楽器です。ヴァイオリンに比べると迫力に乏しいとされていますが、現代のように演奏会場での公演ではない、まさに本文に出てくるような城館の大広間での小規模な演奏にはより適し、優雅な雰囲気を盛り立てたことでしょう。

エンターテイメント2に登場する魔術師マーリン（Merlin）の名は、アーサー王伝説に出てくる高名な魔法使いから取られたものでしょう。

第2章

トゥエルフス・ナイト

（十二日節の前夜祭）

豆の王妃様

〝ラボラ国〟の邪悪なる王が、せっせと働け、遊んではならぬという布告をして民をこらしめた時に、皆の大好きな休日の一つであるクリスマスを彼は無くしてしまったことになります。ということは、彼はトゥエルフス・ナイトの祝典も禁止したことになるのです。と申しますのは、中世のクリスマスは一日だけでなく、十二日間のお祭りだったからです。クリスマスのしめくくりは、トゥエルフス・デイ（十二日節）、いえ、むしろ、本当はその前のトゥエルフス・ナイトだったのです。一月五日にお祝いされるトゥエルフス・ナイトでは、ほとんどのしきたりが、競い合う形をとります。

トゥエルフス・ナイトのどんちゃん騒ぎのただ中にいると想像してみましょうか。

誰が〝豆の王様と王妃様〟になるのか、競い合って決めるまでは儀式は始められません。技よりも運が勝者を決めるのです。当りくじは、〝トゥエルフス・ケーキ〟の中に隠されています。その他のごちそう、ゲーム、ダンス、エンターテイメントなども、ほとんどが競い合う形式をとります。

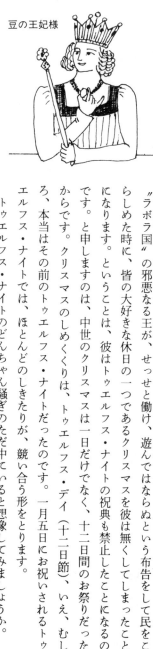

たとえば〝木々に乾杯〟（ワッセリング・ザ・トゥリーズ）という儀式の時に飲む、スパイスで美しく色づけされたりんご酒は、この寒い冬との戦いに、必ずや巡り来る春がうち勝つことをうけ合うためのものです。これからの季節によいことがありますようにと、オクスホーン・ダンスもします。

ママーと呼ばれるトゥエルフス・ナイトの役者たちが、戦いの寸劇も演じます。強くて立派な聖ジョージは、強くて悪辣な騎士と戦いを交えなくてはなりません。教会では宗教劇が、やはり善人と悪人の戦いを描き出します。不思議な星を追い求める三人の王は、ベツレヘムの幼児虐殺を命じたといわれているユダヤ人の王、邪悪なヘロデ王をやりこめなくてはなりません。星に導かれるこれらの貴族たちは、生れたばかりの御子、キリストに贈物をもってくる東方の三人の王なのです。この御子の生誕が、クリスマスの真の意味でした。彼らの訪問がトゥエルフス・ナイトにもう一つの呼び名——エピファニー・イヴ（顕現日の前夜祭）——を与えました。（訳者注：〝顕現〟とは、キリストの生誕をこの訪問者たちに示すことは、彼の存在を世界に向って示すことになるからでした。）

ラボラの王がトゥエルフス・ナイトをなくしてしまったことは、確かに残酷な罰でした。その衣裳、仮装、スタンピング・ダンス（足の踏み鳴らしダンス）、ホビイ・ホース（棒馬）、綱引き、お祭りのかがり火、ゲーム、饗宴などが、トゥエルフス・ナイトを最も素晴しい冬の祝日の一つにしたことは、やがておわかりになるでしょう。

仮装

他の饗宴でも、客人たちは、中世の人たちがよく着る美しい装いをしています。トゥエルフス・ナイトでは、そこにアイ・マスクもつけます。何人かは、トゥエルフス・ナイトの出し物での大切な役割をになうことになるでしょう。仮装をするのです。少なくとも六人が、大きな鹿の枝角か牛の角を先につけたつばのある帽子をかぶり、ブーツのくるぶしのまわりには幾つかの小さなベルをつけます。ある客人は、武勇の騎士、聖ジョージのいでたちです。もう一人は、たてがみと尻尾をちゃんとつけて、ホビイ・ホースのようにみえます。トゥエルフス・ナイトを楽しむもう一人の客は、帽子から靴にいたるまでオレンジ色で装うのです。オレンジのOの大文字が、チュニックの胸の部分に縫い取りされています。別の人は、レモンのLの飾り文字のついた明るい黄色の服を着ています。この人たちは、オレンジ組とレモン組の競技のチームリーダーになるのです。

一人だけマスクをつけていないのは、儀典官です。皆が、誰か別のひとに仮装します。気のきいたマスクや仮装を見せるために、仮装行列からお祭りは始まります。

聖母子と三人の王

豆の王様

仮装行列

儀典官は楽人たちにファンファーレを奏するように合図します。客人はそれぞれ儀典官の後の列に加わります。ゆっくりと、堂々としたメロディーにあわせて、皆はホールをぐるりと大きな輪になって、リズムにのって歩きます。客人たちはしずしずと自分の仮装にあった身振りを演ずるのです。

闘士は剣を振り回して模擬剣劇をやってみせます。馬が速歩《はやあし》で走ります。角のある動物たちが足を踏みならします。東方の三王が堂々と細工を凝らした贈物の箱をはこんできます。

儀典官は客人たちを席へつれていきます。そこで饗宴の儀式が始まるのです。

豆の王様と王妃様

中世の饗宴はすべて、儀典官が歓迎の乾杯を行なうことで始まります。儀式は特に主賓席に座っている最も重要な客人に対して行なわれます。しかしトゥエルフス・ナイトでは、少なくとも始めのうちは、主賓席には誰も座っていません。儀典官は、広間で乾杯の歌を皆のために歌います。でも、まだ食塩の献呈、パンの儀式、飲物の鑑識、手洗の儀式を行なうことはできません。

トゥエルフス・ナイトでは、栄えのある主賓席には、一番身分の高い人や最も富める

楽人たちが演奏中に、儀典官は饗宴の御婦人方の席へ鳥の仮面をつけたママーたちを迎え入れる。(Hans Burgkmair, *Der Weisskunig Jahrbuch,* German, 15th Century. Metropolitan Museum of Art, Harris Brisbane Dick Fund)

楽人たちが演奏中、給士たちが、王、王妃、客人に、おおいがしてある三つの料理を出している。
(P. Drach, *Spiegel der Menschen Behaltniss,* German, 15th century. Metropolitan Museum of Art, Harris Brisbane Dick Fund, 1931)

者が座るというわけではないのです。最大の敬意を捧げられる客人とは、豆の王様と王妃様なのです。トゥエルフス・ケーキの助けをかりて、まずその人たちを選ばなくてはならないのです。

トゥエルフス・ケーキ

主賓席には、非常に大きく少し平らな丸いケーキがあります。フランス語では〝王たちのケーキ〟(gâteau des rois) といいます。ふつうは、二つのまったく同じトゥエルフス・ケーキがあります。最初のケーキの中には、大きな乾燥した豆を一つ入れて焼きあげてあります。最も高級な調理場では、ケーキを焼く人が高価な金か陶製、または割れないガラスでできた豆を入れておきます。ケーキは注意深く切り分けられ、男性の客人それぞれに小さな一切れが供されます。配られた自分のケーキの中に豆をみつけた人は、豆の王様、トゥエルフス・ナイトの長となるのです。

御婦人方だけに配られる二つ目のケーキの中にも、大きな乾燥した豆を入れて焼いてあります。ぜいたくなケーキを焼くときは、豆に似せた小さな宝石とか、豆を象どったパーティの記念となる物とかを入れて焼きます。自分に配られたトゥエルフス・ケーキの中にこの豆をみつけた御婦人は、いんげん豆の王妃、あるいはえんどう豆の王妃と呼ばれます。

王と王妃が選び出され、儀典官がトゥエルフス・ナイトの主人と女主人を主賓席に案

りんごの木に乾杯

内している間に、楽人たちは威勢のよいマーチを演奏します。王と王妃は自分の仮面をはずし、小さな王冠と笏をそれぞれ受けとります。

さて、儀典官は、食塩、アッパー・クラスト、鑑識の杯、手洗盤などで二人に敬意を表します。それから、例の心のこもる「乾杯！」を儀典官は大声で叫ぶのです。でも、トゥエルフス・ナイトでは、人びとは客人たちに乾杯するだけではなく、木々にも乾杯をするのです。

木々に乾杯

目にも鮮やかな最初のごちそうの後、客人たちは木々に乾杯をしなければなりません。農民や田舎の人たちは、コートやマントにくるまって、暖い部屋を後にして果樹園や森へとくり出して行くのです。そこで最も大きな古い木か、その年に一番たくさん実をつけた木のまわりで、人びとは乾杯の儀式をとり行なうのでした。

しかし、屋外で行なう人たちとは別に、広間で乾杯する人たちもいました。大きな造りもののりんごに乾杯するのですが、木はのりと紙を混ぜ合わせたパピエ・マッシェでできていたり、またはマジパンの食べられる木であったりしました。時には、ちょうど今日のクリスマス・トゥリーと同じように、若い木を根元から引き抜き、屋内に持ちこみました。その木は大きな桶の中に倒れないように植えられ、まわりでダンスをするスペースをとるために、部屋の中央に置かれます。

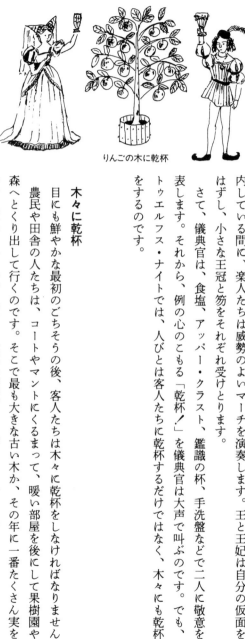

十二人の乾杯をする人たちが、その木を囲み、円を作ります。彼らは大きなグラスか、タンカードと呼ばれる金属製の取っ手のついたコップを手に持ちます。その中には、りんご酒が半分まで注がれ、表面には三切れの小さなきつね色のキャラウェイ・シード・ケーキが浮んでいるのです。乾杯する人たちは、リズムをつけてその木のまわりをねり歩き、次のような歌を歌います。

万歳！ 年老いたりんごの木よ！
あらゆる枝から
さあ、りんごをおくれ
帽子一杯に、キャップ帽一杯に
マス一杯に、マス一杯に
そして、また我らの腕一杯に

そして、木に向って杯をかかげ、「乾杯！」と叫びます。りんご酒をほんの少し飲んでから、それぞれがシード・ケーキの一切れを食べ、残りの二切れを枝の上か、木の下の桶の中に置きます。

次にもう一度、彼らは木のまわりをゆっくりと廻り、歌をくり返します。この間に、木がりんご酒を飲むのです。それぞれが、残っているりんご酒を桶に注ぎこみます。そしてまた、三度目の歌を歌いながらの行進です。「フレー！ 万歳！」と大声で叫んだ

タンカード

り、足を踏み鳴らしたり、角笛や鳴る子など、音を出す物を振り鳴らしたり、空になったタンカードを打ち鳴らしたりしますと、いよいよ終りとなります。

この面白くて騒がしい儀式の目的は、めぐりくる年も良質でたくさんのりんご酒がとれて、カップをみたすことができますようにと願うためのものなのでした。

〝果樹に乾杯〟は、豊富な収穫を願う一種の素朴なおまじないでもあります。木々を勇気づけ、たくさんのプラムや洋梨などが実を結ばせるようにという行事です。ケーキとりんご酒は、木々の守護霊に捧げる貢ぎ物というわけです。一方、あの騒々しい物音や足の踏み鳴らしは、まどろんでいて、春の訪れを忘れるかもしれない木の精をめざめさせるためのものでした。

ラムズ・ウール（子羊の毛）

人びとも木々も、いろいろなトゥエルフス・ナイトのりんご酒を飲みます。その一つに、ラムズ・ウールと呼ばれるすばらしいものがあります。それは、砂糖、ナツメッグ、そしてジンジャーを入れて温められ、表面には焼きりんごを浮べたりんご酒（ワイン、あるいはビール）です。皮から破れ出る柔らかい果肉が白く泡のようで、まるで子羊の毛のように見えるのです。クラブ・アップル（野性りんご）の入ったラムズ・ウールは、誰もがお気に入りのものでしょう。クラブといっても、例の〝蟹〟が材料ではありません。酸味のある野性りんごのクラブ・アップルが使われているのです。

このラムズ・ウールは、祝宴の間、いつ飲んでもかまいません。トゥエルフス・ナイト・ファイヤーには特に大切なものでした。

トゥエルフス・ナイト・ファイヤー

田園の屋外で行なう祝典では、少なくとも飲み物か食べ物のうちの一品が、トゥエルフス・ナイト・ファイヤーのまわりで供されました。十二列に小麦を播かれた見晴しのよい畑では、麦わらの小さな束からなる十二個のかがり火と、一つの大かがり火に火がともされます。そして参列者たちは、この火のまわりに集まるのです。

屋内の祝典では、ろうそくがかがり火の代りをします。暗い広間では、頑丈な燭台に立てられた十二本のろうそくか、または何セットかのろうそくに、一本一本火がともされます。客人たちは、火がともされるごとに「乾杯！」と叫びます。そして一定の間隔をあけて、三本のろうそくが部屋のおのおのの角に置かれます。一本の大変に大きなろうそくか、数本のろうそく立てがついている枝状の燭台が、一番大きな火を作り出します。この十三番目の火は、オールド・メッグと呼ばれることもあります。

野原であろうと、大広間であろうと、このトゥエルフス・ナイト・ファイヤーこそが、快活な飲めや歌えやの騒ぎの中で中心的な役割を占めるものでした。

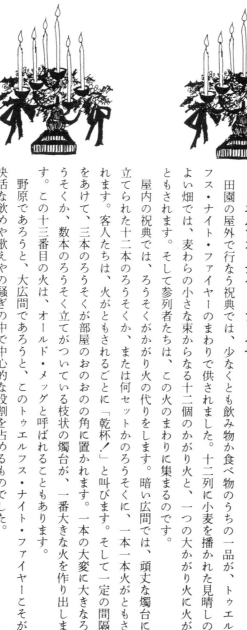

さて、トゥエルフス・ナイト・ファイヤーには、どんな意味があるでしょうか？

火は、次の年の収穫を約束するもの、または、野原の精のための穀物の捧げ物である

と考える人もいます。あるいは、純粋にキリスト教的な起源を十二の火に見出す人もいるのです。つまり、一つ一つの火がクリスマスの十二日のためのものであり、一番大きい最後の火は、キリスト自身に捧げられるものという意見なのです。また、ある人びとは、十二使徒にキリストを加えたもの、あるいは十二使徒が聖母マリアを囲んでいるところだと考えてもいます。

おそらくは、これらの説明のすべてが正しいといえるのではないでしょうか。異教徒の神話や豊作祈願の儀式は、しばしばキリスト教徒たちによってとり入れられ、新しい目的に使われたのでした。ミドサマー・イヴのような春や夏の祝日などには、ボン・ファイヤーと呼ばれる祭り火がたかれます。もともとは異教徒の太陽神を崇めるためのものでしたが、このかがり火は、後に、洗礼者ヨハネ（以下、聖ジョン）を讃えるために使われるようになりました。

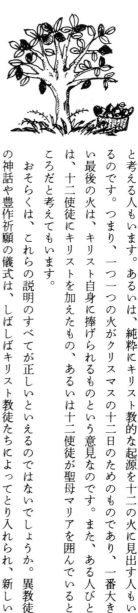

中世の人びとにとっては、過去の異教徒的遺産は大切なものだったのです。作物、樹木、そして動物などの繁殖を祈願する儀式などは、必ずしも迷信や呪いに根づいたものではなく、未だ完成されていなかっただけの話なのです。中世の宗教が、このような古い考え方に真の意義と目的を与え、完成させたといえるのでしょう。このように古くからの異教の宗教的慣習は、大切にされ、人びとは親しみを感じ、楽しんでもいたのです。

でもこれらにキリスト教的意味が与えられますと、キリスト教の聖者は異教の神にとってかわりました。異教徒にとって人気のあった動物儀式の一つは、雄牛の角の踊り―オクスホーン・ダンスと呼ばれる、キリスト教のトゥエルフス・ナイトの楽しみの一つになり変わりました。

オクスホーン・ケーキとオクスホーン・ダンス

幾つかの祝宴のごちそうが出された後で、角のついた頭飾りと、鈴のついたブーツを身につけ、雄牛に変装した六人の人物が、乾杯の木のまわりに円を描きます。楽人たちがマーチを演奏している間に、六人は行進をしながら、力強く足を踏み鳴らします。ブーツについている小さな鈴が、リズムを刻みます。儀典官が豆の王様と王妃様に一番すばらしい雄牛のベスト・ビーストを選ぶよう求めます。こうして選ばれた雄牛の角の一つに、儀典官は真ん中に穴のある固くて円いケーキを通して引っかけます。

　このオクスホーン・ケーキというのは、オート麦、キャラウェイ・シードや小粒の干しぶどうからできていますが、パピエ・マッシェで作られたものも用いられることがあります。角につけられたケーキをほうり出すために、雄牛は踊らなければなりません。したがって愉快な、時にはこっけいな頭の動かし方が要求されることになります。他の五頭の雄牛を演じている人びとは、ベスト・ビーストの真似をします。広間で見ている誰もが、オクスホーン・ケーキがどの方向に落ちるか、心の中で賭けをするのです。もしそのケーキが牛の前に落ちればブージィと、後ろに落ちればイストレスと呼ばれます。

　それから客人のそれぞれに、干しぶどうと種入りのドーナッツに似た小型のオクスホーン・ケーキが供されます。それぞれの給仕がブージィとイストレスの一つずつを一つ

ひめういきょう（この種がキャラウェイ・シード）

のお盆にのせて運んできます。宴会の客人たちは、自分たちが賭けたケーキをいただくのです。

このように飲んだり騒いだりすることは、奇妙で馬鹿々々しくさえ見えるかもしれませんが、動物を真似た足を踏み鳴らすダンスは、何千年も前から、春になると大地の精霊たちを呼びさまして、冬にうち勝とうとするしきたりの名残りなのです。人間の生存は、動物たちが力強く繁栄してくれることに依存していましたので、オクスホーン・ケーキは、そういう動物の精霊達を力づける貢ぎ物でもあったのです。

このような豊饒祈願の風習は、キリスト教よりはるか古くからのものでした。しかも、中世の教会は、古代から人気のあったオクスホーン・ダンスなどの奨励策をとりました。たとえば、ある年のトゥエルフス・ナイトから翌年のまで、角のついたかぶり物を保存しておく人もいたぐらいです。

なぜでしょう?

馬小屋で生まれた幼いキリストにとっては、雄牛や野性の動物たちは、友だちだったからです。最初のクリスマスに、キリストと動物たちは暖さと住み家を分ち合った仲でしたから、こういう動物たちこそ、その後のすべてのクリスマスのトゥエルフス・ナイトのお祝いを受けるにふさわしいというわけなのです。

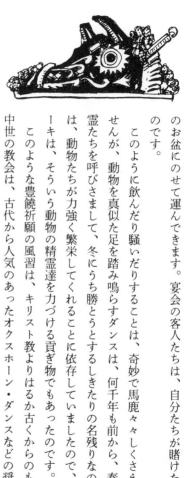

ホビイ・ホース

ホビイ・ホース

馬のいななきが、突然、広間に響きわたります。それに答えるかのように、楽人たちが馬のいななきと鼻息の音を真似ます。そこへ、〝馬〟自身が速歩《はやあし》で登場、主賓席の豆の王様と王妃様の方にゆるい駆け歩《あし》で近づくと、曲芸のような格好でご挨拶。それから全速力で駆け歩《あし》したり、常歩《なみあし》で歩いたり、誇らしげに尻尾を右へ左へ振ったり、なんと、話しもするのです！

このホビイ・ホースは、多くの人びとの間で行なわれる儀式の呼び物でした。つまり、村でも、宮廷でも欠かせない出し物なのです。

ごく素朴な田舎の儀式では、色を塗った馬の頭《かしら》が先につき、鈴のついた荒なわを手綱代わりにしたほうきの柄に、田舎男がまたがっていたかもしれません。片や宮廷のお祭りのホビイ・ホースには、やなぎの小枝や針金でできた胴体の上に高価な刺繍をほどこしたおおいがかけられていて、それが騎手をもおおいます。そして人間の足がその動物を前進させていくという具合です。宝石をちりばめた手綱が、馬の行方を定め、目は高価な宝石だったり、たてがみは金でできていたりするのです。

田舎であれ、宮廷であれ、ホビイ・ホースの出現は、〝これから訪れるすばらしいこと〟を意味します。

ママーズ・マミングス

トゥエルフス・ナイトのホビイ・ホースも、ふつうはママーと呼ばれる役者が演じるのでした。ママーとは、田舎や町の人たちで、マミングとか、マミング・プレイズと呼ばれる伝統的な休日の芝居を演じる人たちです。彼らのほとんどは本職の役者ではなく、貴族の出でもなく、教育を受けたわけでもありません。でも、時には、この三つをかねそなえた人もいました。そして、観客が素朴であろうと、洗練されていようと、彼らはどんな時にも、暖く歓迎されたものでした。

起源がいつかわからないほど古い劇を、彼らは毎年演じるのです。時には劇の意味がわからないこともあるし、筋が単純で馬鹿げてみえるのもあります。でも、年々歳々演じられ、人びとを楽しませました。マミングは、見慣れていると同時に、目新しくもありました。トゥエルフス・ナイトのホビイ・ホースは相も変らず後ろ足ではね廻り、善良なる聖ジョージは常に殺され、いっぷう変った老医師によって死からよみがえるのですが、テーマは同じでも、毎年とっておきのスリルで楽しませてくれるので、知りぬいていながらも知られざる楽しみがあったものなのです。

ママーによる聖ジョージ劇

〔最初にホビイ・ホースが語る〕

ホビイ・ホース—「我こそ、勇敢なる聖ジョージをいつもお乗せしているものなるぞ。天候、今や、きわめて寒く、我ら中に入らねばならぬ。我らが劇を演ぜんがために、この部屋をゆずり受けたし。我がイングランド王のおでましなり」

次に、争いの場面が面白おかしく演じられます。登場人物——

一、イングランド王
二、彼の子息、ジョージ王子
三、トルコの騎士
四、気高い医師
五、道化

まず、王が登場。次いで、それぞれの登場人物が「我こそは……」と昔ながらの自己紹介。観客たちは、それが誰であるか、誰が倒れ、誰が敗れ、誰が勝ち、誰が勝利を得るか、当然知っています。また、聖ジョージが獰猛なドラゴンを殺し、王女を助けることもよく知っていたのです。この冒険は、ミドサマーのマミング劇の主題にもなっているからです。トゥエルフス・ナイトの聖ジョージ劇で親しまれているユーモアとは、次のようなものです。

王―「我こそは、イングランド王なるぞ。
汝らの前に、今こそ現れ出たり。
ただひとりの息子を探さんがために。
我は王子の身をうれうるなり。
おお、我が息子は、ここに！」
ジョージ王子―「我こそは、ジョージ王子なるぞ。最も立派なる騎士なるぞ。
我はイングランドの名誉のために我が血潮を流すことを惜しまぬであろう。
イングランドの名誉を守らん。
いざ戦わん！　イングランドの名声のため、死ぬこともいとわぬ」
トルコの騎士―「拙者こそは、トルコの戦士なるぞ。
かなた東方の地より、来りぬ。
老イングランド王と戦わん。
しかる後、屈強の家臣どもを皆殺しにしてくれようぞ」
ジョージ王子―「我こそジョージ王子なるぞ。勇敢なる戦士なり。
我と我が剣とは、金の王冠を三個勝ち得たり。
獰猛な火を吐くドラゴンを切り殺し、
エジプト王の一人娘を、
虐殺より救いたり。

〔トルコの騎士は威張って歩き、冷笑しながら聖ジョージの剣を指し〕彼は言います。

トルコの騎士―「貴婦人が『愚かな者よ！』と叫ぶのを拙者は耳にせり。
『愚かな者！』こそ、貴婦人が口にせし唯一の言葉なり。
『確かにあれは愚かなり、
木の剣《つるぎ》をたずさえし者よ！』

〔ジョージ王子は、この侮辱を耳にするや、戦いの挑戦を受けます。王子は頑強な剣を抜いて、すでに武器を手にしているトルコの騎士に突進します。〕

ジョージ王子―「どけ！　どけ！
物こそ見せん。
我が勇猛なる技と剣にて汝は命を落とさん。
汝が劣りたることを示さん。
汝の血潮と生命、舞い上がらんとす。
いざ覚悟されい！」

〔ジョージ王子は、トルコの騎士をほとんど屈服させるのですが、最後に、トルコの騎士は悪だくみによって、王子にひどい手傷を負わせます。老王は、『敗れたり！　敗れたり！』と叫びます。そして、致命傷から我が息子を救うために、王は医者を探しに走り出します。突然、高貴な医者の登場。〕

高貴な医者―「我こそあらゆる病を癒せる者ぞ。

聖ジョンとドラゴン
〔Poalo Uccello (1397—1475) の絵より〕

いかなる物が傷つけ、不快をもたらさんか、かゆみ、差し込み、中風、麻痺、
痛風をも。よしんば、悪魔が人間に入らんとも、
我が命を下し、叡智とともに悪魔を追い払わん。
王子を今こそ立たしめん」

〔『立たれい！ 立たれい！』と医者は叫びます。するとジョージ王子は、傷癒えて元気に跳ね起きます。王子は医者にお辞儀をします。その時、道化がでんぐり返しをして、おどけながら、勢いよく入ってきます。先の尖った帽子を逆さにして差し出し、「初めて参上する者でございます」と言いながら、観客たちからお金を集めます。それから、道化、王子、王、トルコの騎士、そしてホビイ・ホースが歌います。〕

我らの酒宴は終りを告げぬ。
かれらも我らも立ち去らねばならぬ
めぐり来る来年のトゥエルフス・ナイトまで。
幸あれ、健やかなれ。
そして、我らは再びここに集い合わん。

「オレンジとレモン」

しかし、トゥエルフス・ナイトのお楽しみが、もう終ったのではありません。ママー

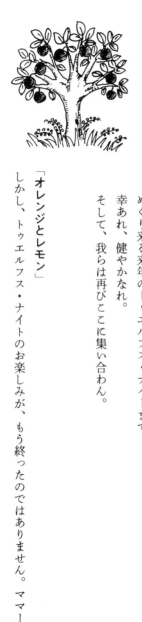

たちが広間の中央から立ち去って行っても、饗宴と催し物は続きます。深夜には、もっと真剣な戦闘劇がもてはやされたものでした。でもその前に、儀式がかった戦いのゲームが行なわれます。その一つに、「オレンジとレモン」があります。

儀典官がオレンジ色でOの縫いとりが胸にある洋服を着ているトゥエルフス・ナイトの客人を呼び出します。それからレモンも呼び出します。この二色の人たちがお互いに向い合って立ち、腕を上げて、アーチ型に手をつなぎます。広間にいる誰もが、ゲームに入ることができるのでした。

オレンジかレモンか、いずれかのチームで、〝囚われ人〟が捕えられます。客人たちは長い行列を作って、アーチの下を行進します。一同はイギリスの教会の鐘づくしの歌を歌います。ところが、この「オレンジとレモン」の歌には驚くべき最後のくだりがあります。「お前の首を切り落としに、肉切り包丁がやって来るぞ！」というのです。この最後の言葉で、アーチが落ちてきて、囚われ人を捕えるのです。この囚われ人はオレンジかレモンのリーダーのいずれかを選んで、その後ろに立たなければなりません。この歌は、皆がどちらかのチームにつくまで、何度もくり返されます。それから、仲良く綱引きが行なわれます。勝ちチームはスプリングと呼ばれ、負けた方はウィンターと呼ばれることになります。それぞれの囚われ人は、新しい季節の勝利を導くための〝いけにえ〟というわけだったのです。

次にあげるのが、その歌です。

「オレンジとレモン！」

聖クレメントの鐘が言う。

「俺に五ファージング（英国銅貨¼ペニー）の借りがあるぞ」

聖マーティンの鐘が言う。

「いつ払ってくれるかね」

オールド・ベイリーの鐘が言う。

「金持ちになったらね」

ショアディッチの鐘が答える。

「それは、いつのことなんだい」

スティプニイの鐘が言う。

「全然、わからないね」

ボウの大鐘が言う。

「お前をベットへ案内するろうそくがやって来るぞ！

お前の首を切り落としに、肉切り包丁がやって来るぞ！

最後の、最後の、最後の、最後の、最後の奴の頭を！」

三人の王の星

誰もが心地よく疲れ切る頃、トゥエルフス・ナイトの客人たちは、これから行なわれ

ベツレヘムのかいば桶の上に輝く星が、贈り物をたずさえている三王に行く手を示す。(J. Hildesheimensis, *Buch der Heilegen drei Konige,* printed by Johann Pruss, Strasbourg, 1500)

るしめくくりの儀式が、クリスマスに思いをはせる自分たちを、家路につかせてくれるものだということを知っているのです。広間のろうそくというろうそくが、光という光が、すべて消されます。ひとつの光り輝く〝星〟が、神秘的に〝空〟を横切っていきます。これこそが、三人の王をキリストのゆりかごへと導くベツレヘムの星というわけです。

この星は、円い燭台かシャンデリヤでできていて、暗くされた部屋の中で、機械じかけの滑車か目に見えないロープで動かされているのです。時には、ピカピカに磨かれた、切子細工のガラスや、クリスタルや銀製で、下からのろうそくの光を反射するのでした。あるいは、何本かのろうそくでできたごく単純な輪が、高いポールの頂点にくくりつけてあることもあります。暗い広間の中では、動かし手の姿は見えないのです。

それから、客人の役者が、三王と三つの贈り物についてのあの聖書物語を演じるというわけです。星に導かれて、三人の王はろうそくと贈り物をたずさえて行きます。不思議に思いながらも、三人は星に従って行きます。すると、傲慢で狂暴なヘロデ王によって行く手を阻まれます。ヘロデ王は、王者の中の最も偉大な王になるべく運命づけられている幼子によって、自分の権力が滅ぼされることを恐れたのです。そこでヘロデ王は、赤子が隠されている場所をあばくために、三王に策を用いようとしたのでした。

ところが、賢くもヘロデ王の裏をかいて東方からの富裕な三君主は、首尾よく貧しい馬小屋にたどり着くのです。三王はそこで、名誉ある王位に敬意を表わすために、まず黄金の贈り物を贈ります。第二には、神にふさわしい乳香を贈ります。第三に、死すべき運命を表するものとして、没薬を贈ります。

真夜中のこの小劇は、クリスマスのトゥエルフス・デイあるいはエピファニーと呼ばれる〝新しき日〟をもたらす役割を果すものです。この劇は、王の中の王が生まれたというよろこばしい啓示を祝うものなのです。

次に続くトゥエルフス・デイと同様、トゥエルフス・ナイトは、希望あふるる休日といえましょう。暗黒の後には、光明がやって来ます。冬の死んだような静けさの後には、太陽のふり注ぐ、生命力にあふるる春が訪れて来るものです。「苦」あれば「楽」ありというわけです。

みちびきの星

第二章の解説

この本は、中世における祝典を季節を追って示しています。第一章で、城館での饗宴の基本的な催し方が説明されたあと、第二章からは月毎の行事に入ります。

と申しますと、日本人の感覚では、新年は一月一日から始まるということになるのですが、当時の習慣では十二月と一月は続いたものでした。クリスマスとは、十二月二十五日から一月六日のトゥエルフス・デイまで、または十二月二十四日のクリスマス・イヴから一月六日まで、あるいは二十四日のイヴから一月五日の夜までなどを含んでいたのです。

ヨーロッパの祝祭典にも、あるいは人びとは意識していないかもしれませんが、キリスト教以前の古い習俗が様々な形でまじり、名残りをとどめています。

十二月から一月にかけてのこの時期は、死者の霊が帰ってくる時期だと信じる地方もありましたし、植物の枯れた地上で春の訪れ、太陽のよみがえりを願う死と再生の儀式は、あるいはりんごなどの豊作を祈る「木々への乾杯」(wassailing the trees)、春の精霊を目覚めさせようと大地を足で踏み鳴らす「スタンピング・ダンス」(stamping dance)、それから家畜の繁殖を祈る「オクスホーン・ダンス」(oxhorn dance) に残っています。オクス (ox) は雄牛ですが、ローマでは豊饒祈願のためのいけにえに棒げられたものでした。ここでは雄牛の仮装をしていますが、動物の皮をまとって狩りの成功を祈る姿は、先史時代の壁画などにもみられるものです。

「ホビイ・ホース」(hobby horse) は、棒馬だけのもの、布で乗手の腰の部分をおおうもの、または体のほとんどの部分をおおうものと、いろいろの種類があったようですが、劇にでたり、町中でも走り廻ったり、戦争ごっこのようなせり合いのドンチャン騒ぎ用に使われたそうです。

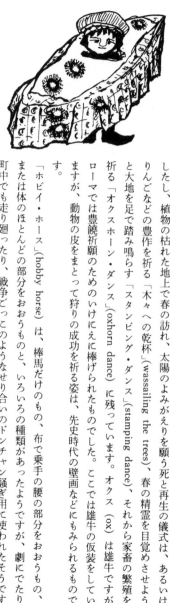

クラブ・アップルの花

「オレンジとレモン」(oranges and lemons) は、日本の「天神様の細道」を連想させる古いゲームですが、オレンジは豊饒とともに心臓の象徴とも言われています。また鐘の歌は、死刑囚の鐘とも、王妃を何人も変えたヘンリー八世についての歌という説もあります。

ママー(mummer) と呼ばれる素人もしくは職業的俳優たちの演じるマミング(mumming)にも、この死と再生のテーマはみられます。深手を負ったり死んだりした主人公たちが、医師によって蘇生させられる箇所ですが、古い年の死と新しい春の生誕を象徴すると考えられています。

実はこの本は複雑な問題を抱えたテーマをふんだんに盛っているのですが、マミング一つにしても、宗教的儀式の一つ「剣の舞」から発展し、ジョージ王、ジョージ王子、ジョージ卿、聖ジョージなど、〝ジョージ劇〟とも呼ばれるものに発展したとする説、葬送の儀式が起源だったとする説などがあります。

古い時代の行事は、どこの国でもそうですが、文献が残っておらず、民衆の間で行なわれていたとすると、それが本当にはどんな形だったかを知るのは難しいのです。

マミングは、中世フランス語の〝仮装《マスク》をつける〟、〝仮装する〟を意味する momer からきたといわれ、仮装をして行なう民衆劇でした。“go mumming” には、〝仮装をして浮れ騒ぐ〟という意味もあります。

ここに取り上げられた聖ジョージ劇では、最後に道化が登場し、用語は “clown” となっていますが、その他にも、“fool” “jester” “buffoonery” など、いろいろの表現がありました。先の尖った帽子と頭巾とが一つになったようなかぶりものをつけていました。

「木々に乾杯」の箇所の歌の一節、「マス一杯に、マス一杯に」のマスはブッシェル（bushel）のことですが、イギリスの穀物などを計るときの単位で、三十六リットル・マスのことです。

ラムズ・ウール（Lamb's Wool）という飲物について、クラブ・アップル（crab apple）が出てきます。いわゆる山りんごですが、酸っぱいので、そのままで食べるよりは、果汁とか、焼いたり煮たりしたようです。乾杯用には、煮たものも、焼いたものも入れたそうです。

りんご酒（apple cider）は、りんごのしぼり汁を醗酵させて作りますが、日本式のサイダーのような清涼飲料ではありません。この製法は後にイギリス人によってアメリカへ伝えられ、アメリカの北東部では季節になると多量に作られています。

ベツレヘムを訪れる東方からの三王は、生まれたばかりのキリストに、黄金と乳香（frankincense）とミルラ（myrrh）と呼ばれる没薬を贈ったとあります。

乳香は、かんらん科やうるし科などの木の樹皮を傷つけて、そこから出た樹脂を乾燥させたもの。ミルラも、かんらん科の木で、樹脂を取って、香料や没薬として用いられたそうです。

ミルラ

第3章

2月：聖ヴァレンタイン・デイ

二月の聖ヴァレンタイン・デイの宴会の客人たちは、ペイストリーに包んでレアーに焼いたロースト・ビーフ、クリームをかけた焼き栗などに舌鼓を打ちながら、愛のムードにひたろうと胸躍らせたものです。

この休日のための肉料理や果物は、独特の〝愛のごちそう〟ですし、広間の飾りつけにはラヴ・ランタンというものがありました。衣裳にも、ラヴ・ロット（恋結び）と呼ばれる宝石や、ラヴ・スリーブスと呼ばれるものなど、「愛」を表わす装飾がついていました。

音楽も、恋心をかきたてます。また、お互いにペアーを組んで、しきたりにのっとったやり方で求愛する遊びもありました。たとえば「レイディ・アン」や「ウィリアム卿」などのようなゲームでは、結婚相手の役を演じてくれるパートナーを選びます。この他のラヴ・ポエム（恋の詩）、ラヴ・レター、ラヴ・プレイ（恋の劇）なども、聖ヴァレンタインを讃えるものでした。

驚くべきことに、聖ヴァレンタインがどういう人物であったか、彼の名前と愛がどのようにして結びついていったのか、確かなことはわからないのです。わかっていることといえば、少なくとも三人の聖者が〝ヴァレンタイン〟と名づけられているということです。物語には、二、三世紀の二月十四日に彼らが偉業を行なったとか、死んだとか語

バジル

られていますキューピットやヴィーナスなどの名前とともに、とにもかくにも、この三人の人物の名前は、「愛」と何らかの形でつながっていたのでしょう。

ヴィーナスといえば、伝説上の「愛」の女神であり、翼を持った盲目の少年、キューピットの母にもあたります。このキューピットは悪戯好きで、人間たちを一目で恋に落としてしまう弓矢を射るのです。一方、心臓をキューピットの弓矢で射抜かれた者同志は、お互いに〝ヴァレンタイン〟(恋人)となっていくのです。そしてヴァレンタインと呼ばれる恋の手紙をとりかわしたりします。二月に行なわれる愛にまつわる儀式は、ヴァレンタイニングス（ヴァレンタインのパーティをすること）として、広く世に知られています。

また、聖ヴァレンタインの日は、全世界の人びとが結婚式の日として好む日でもあります。ちょうどこの時期、自然界では鳥たちが配偶者を選ぶ頃なので、それになぞらえて、この愛の季節を祝ったに違いありません。

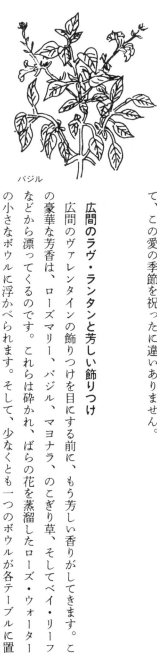

広間のラヴ・ランタンと芳しい飾りつけ

広間のヴァレンタインの飾りつけを目にする前に、もう芳しい香りがしてきます。この豪華な芳香は、ローズマリー、バジル、マヨナラ、のこぎり草、そしてベイ・リーフなどから漂ってくるのです。これらは砕かれ、ばらの花を蒸溜したローズ・ウォーターの小さなボウルに浮かべられます。そして、少なくとも一つのボウルが各テーブルに置

二人の抱擁し合っている男女が愛のしるしを身につけている。右側の男性がラヴ・スリーブスを、左側の女性がラヴ・ジュエルのネックレスを。(German, 15th century. Metropolitan Museum of Art, Harris Brisbane Dick Fund, 1934)

かれるのです。
ろうそくのろうの中にこれらのスパイスが溶かしてあり、燃えるとプーンと芳しい香りがするのもあります。主賓席から近いところでは、月桂樹や松が新鮮で甘美な香りを漂わせながら、香炉のあかりがゆらゆらとゆらめいています。

ラヴ・ランタンは、柔らかく、やさしい光を放ちます。このランタンは、野菜で作ったろうそく立てです。ハロウィーンのジャック・オ・ランタンに似ていますが、ヴァレンタインの明りは、くりぬかれた大きなかぶ、あるいは、同じような固い野菜や果物から作られています。すっかり空洞になっている中心へ向って、皮に切り込みを入れて、ニコニコした顔が作られるのです。そして、太めのろうそくが中に立てられ、火がともされます。野菜の他に、堅い紙製、陶製、銀製のラヴ・ランタンも同じように用いられたものでした。

マヨナラ(マジョラム)

宝石のラヴ・ノットと、クラウン〝A〟

客人は、少なくとも一つの〝愛の印〟を身に着けたものです。

たとえば、ごくありふれた服飾品として、ラヴ・ノットと呼ばれる、襟元や胸元に止める小さな金属製のピンなどがあります。数字の8の形が、∞のように横になっているものですが、この恋結びなどは、「始まりも無く、終りも無い」全き愛を象徴するものなのです。しかも決して錆びることがないゆえに、決して消滅することもない金属、金

月桂樹

から作られる場合には、永遠なる愛を意味するものでした。時には錦の織物から切り取られ、ヴァレンタインの衣裳に縫いつけられたりもしました。
もう一つの金色の織物でできている愛の印に、王冠を戴いたAの大文字があります。ふつうは胸にとめられたり、クローク（袖無しのマント）の金属の留め具として使われたものです。このAは愛が持つ力への賛辞である「アモール・ウィンキット・オムニア（amor vincit omnia)」というラテン語を意味しています。すなわち、〝愛〟（アモール）は、〝すべて〟（オムニア）に〝勝つ〟（ウィンキット）という意味なのです。愛と呼ばれる情感であろうと、盲目の愛の神キューピットであろうと、愛は、全人類の中で真の冠を戴いた王者であるということなのです。何者も、愛の力に抗《あらが》えるほど強靱ではないのです。

ラヴ・スリーブス（愛の袖）

この他の衣裳の装飾としては、ラヴ・スリーブスというものがあります。

中世の衣裳には、ふつう取りはずしのできる袖がついていました。こういう袖は、流行であったと同時に、食べ物をこぼしたり、汗をかいたりしみになりやすい部分を洗えるという実用的なものでもありました。ヴェルヴェットや、縫いとりをほどこしてあったり、錦織や、毛皮で縁どりをした衣裳も、必要に応じて洗えることは洗えたのですが、とりはずしのできる袖ほど頻繁には洗えなかったことでしょう。多くの騎士たちが武運

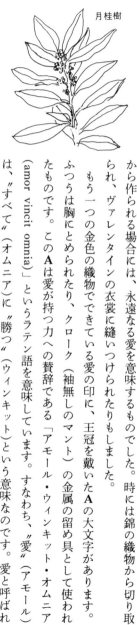

を祈って、愛する人の袖を楯につけて、出陣していったものです。
聖ヴァレンタインの日には、それぞれに好意をよせている異性の所有物である取りはずしのきく袖を、多くの恋人たちが身につけたものでした。この中世の袖は、一般の流行がどうであれ、着る人の注文に応じて作られたものです。特定のガウンやチュニックのデザインは流行に応じて作られましたが、袖の色や形などは、着る人の気まぐれで左右されるものでした。
ある御婦人が衣裳に緑色の袖をつけるのがお気に入りだったとすると、その習慣に敬意を表して、グリーン・スリーブスという秘かな愛称で、その女性は呼ばれたかもしれません。事実、最も有名なイギリスのバラードの一つに「我が愛するグリーン・スリーブス」というのがありますが、ちょうど、こういう婦人に対するものだったのでしょう。
そしてなお「自分の袖に恋人を身につけている」(He wears his heart on his sleeve.)という表現は、「隠さないで自分の感情をあらわにする。好きな人がいることを表情にはっきり出す」という意味あいも持つことになります。つまり、自分の袖の上から、あるいは自分の袖の代りに恋人の袖をつけようというのは、恋人に対する愛を世界に広く知らしめることになるのです。

ハートを身につける

また、一方で、「ハートを身につける」という表現がありますが、文字通りの意味が

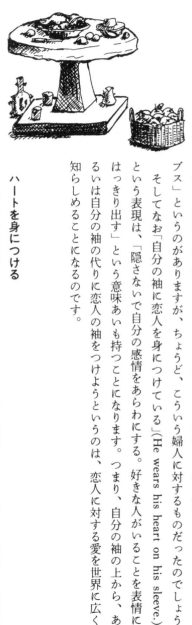

あるといえましょう。織物から切り取られたり、金属にエナメル加工された赤いハート型が、洋服の前、あるいは袖の上に縫いつけられたり、ピンで止められたりしますが、これを身につけている人は「愛」に身も心も捧げているしるしなのです。この愛というのは、ある特定のすばらしい人に対するものであったり、理念としての愛、愛の神、あるいは、聖ヴァレンタインのような愛の聖人への愛であったり、さまざまでした。

愛の音楽、シィヴァリー

客人たちは、気持が高まってくるような音楽に誘われて、饗宴の広間へと列をなしてくりこんでいきます。

そのメロディとリズムは、気分を高め、愛のムードをかもし出すように工夫されています。たとえば、ヴァレンタインのメロディには、鳥の鳴き声を真似たものもあります。独特のヴァレンタイン音楽としては、結婚式の祝宴の音楽に似た、シィヴァリーと呼ばれるものがありました。楽人たちはクレセンドーと呼ばれるメロディーをホーンでにぎやかに奏でます。このクレセンドーは行進曲のようなはっきりとした拍子で、しかも強烈に音を強めて演奏します。この愛の音楽には、聴く人びとにわくわくするようなスリルを呼びさまそうとする意図があったのです。

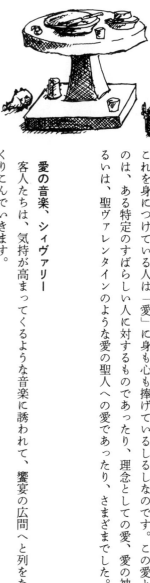

儀典官の乾杯とヴァレンタイン・カップ

シィヴァリーの音楽とともに客人たちが席に着くと、儀典官が例の歓迎の乾杯を主賓席でとり行ないます。しかし、特別な式が加えられるのです。食塩の献呈式、パンの儀式、手洗いの儀式、飲物の鑑識式の後に、儀典官がバトラー（酒類管理係）やカップ係に命じて、取手つきのコップである大きなタンカードになみなみと注がせ、それを主賓席の最もよく見える場所へ置かせます。それからバトラーは、貴賓ばかりでなく、カップ自体にも、深々と優雅におじぎをします。このカップこそ、ヴァレンタイン・カップなのです。すなわち「愛の精霊」を意味し、誰もがこれを広間へ招き入れたがっているの

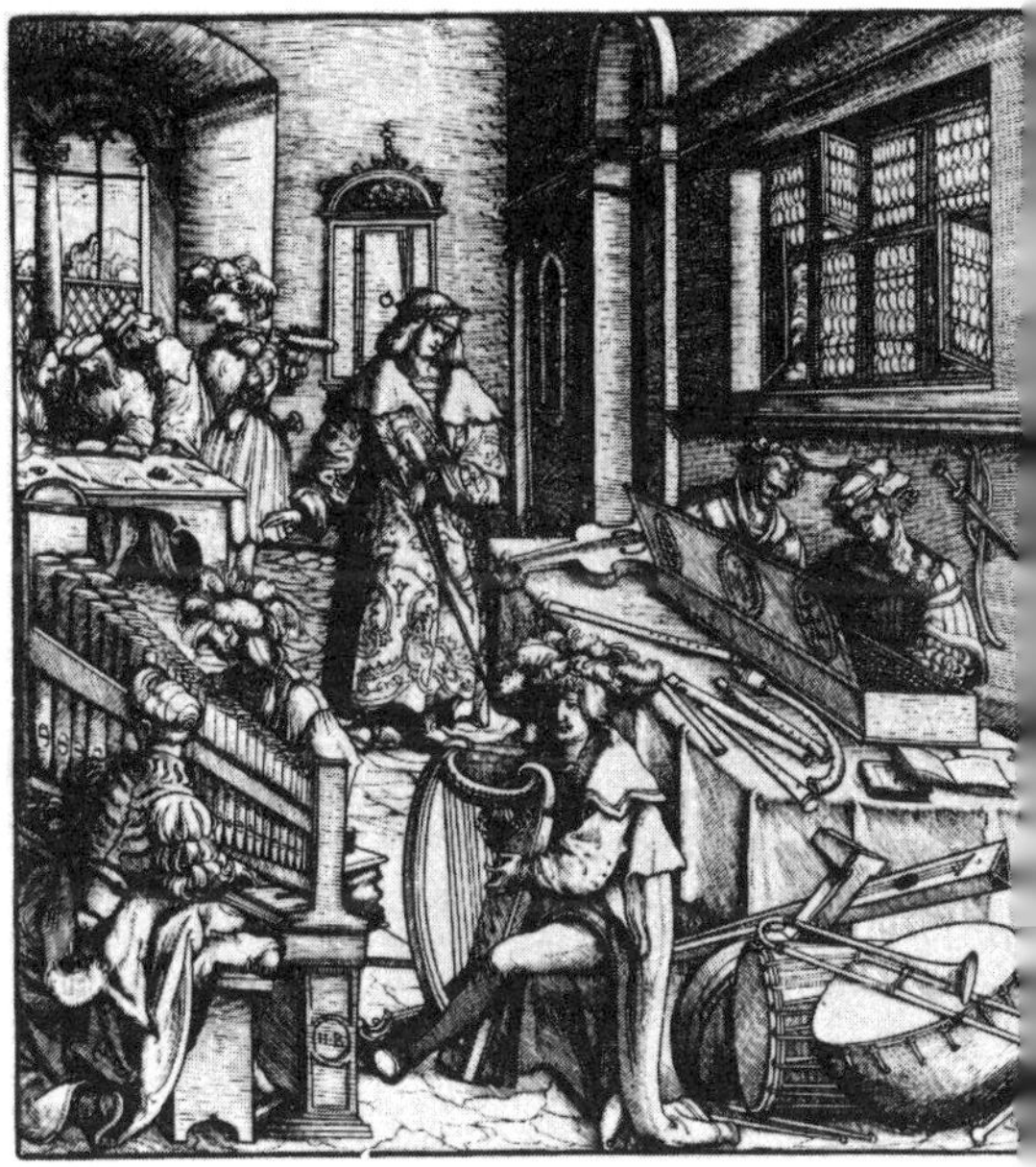

お祭りに伴奏する楽器は、オルガン、ハープ、テーブル・ハープシコード、ヴィオール（ヴァイオリンの前身）、クルムホルン（15、6世紀から用いられた2枚リードの楽器）、リコーダー、リュート、そしてドラム。(Print, German, 17th century Metropolitan Museum of Art, Gift of William Loring Andrews)

書記が恋人えらびのくじを書いているような様子。一方、饗宴のための給仕も主賓席で始まっている。(The Emperor of Cathay at Table, German, 15th century. Metropolitan Museum of Art, Bequest of James Clark McGuire, 1931)

です。客人たちは立ち上り、自分たちのグラスを高くかかげます。儀典官が「愛へ。アモール・ウィンキット・オムニア！」と高らかに叫びますと、客人たちもこの賛辞をくり返し、それから席に着くのです。

くじで恋人をきめる

他の祝宴では、パンでできたお皿が一つずつ、それぞれの客に供されます。でもヴァレンタインの日には、サフランでほんのり色づけされ、スパイスをきかせた金色のパンでできたトレンチャーが、二つの席の間に置かれます。一つのトレンチャーが、ヴァレンタイン・ペアの二人によって使われるのです。そこで客人たちは、食事をする前に、ペアーになっていなければなりません。

ペアーに分れるのは、仲間同志のいたって気楽なゲームなのです。その人に本当の恋人がいようがいまいが、問題ではありません。これは、愛の季節のお祭りなのですから。老いも若きも、既婚者も娘たちも、あらゆる客が、くじでヴァレンタイン（恋人）をきめるのです。

おのおののテーブルで、誰か一人が書記に指名されます。その書記が、男性であれ女性であれ、羽軸ペンで、小さな四角い紙に客の名前を一人ずつ書いていきます。この紙の一枚一枚が〝くじ〟になるのです。そして半分に折られ、引きひものある袋かガラスのボウルに入れられて、時計まわりにテーブルをぐるりと廻されます。自分と同性の名前をひいたらもとに戻し、全員がペアーになるまで、客人はくじをひきます。

くじで恋人が選ばれると、他の客人と席を入れ替ってペアごとに座ります。そして、ヴァレンタイン・トレンチャーを分けあうことになります。くじで選ばれた恋人たちは、宴会の間だけの〝その場かぎりの恋人〟になります。でも時には丸一年間、贈り物をし合ったり、気を配り合ったりもしますが、このようなヴァレンタインの愛の儀式は、翌年の二月十四日の饗宴で終りを告げます。さて、くじによる恋人がどんなタイプであろうと、儀典官は愛の最初のごちそうのためのファンファーレを、楽人たちに命じます。

愛のごちそう

さまざまな肉、魚、鳥、卵、野菜、果物、スパイスそしてワインが、愛情を高めると思われていました。たとえば、孔雀は、優雅な形で食卓に供されます。ローストされ、再び羽をつけられ、口の中にしょうのうと綿をつめこまれ、火をつけられます。まるで、生きている孔雀が火をふいているようにみえます。丸焼きのやまうずらやうずらの煮込みなども、ヴァレンタインの情感をかきたてるものでした。そして宴会の料理の一つは、卵料理でなければなりませんでした。鶏の卵にかぎらず鵞鳥《がちょう》、雉《きじ》、うずら、雀などの他の鳥の卵も、口にすると特に官能的になると思われていました。ところが、卵はそばかすのもとになると考えられていたので、そばかすを防ぐと考えられていたアーモンドを細かく刻んでオムレツに入れて食べました。

また、種のある果物は、「愛」のための大切なごちそうとされていました。りんごは聖書のエデンの園以来、愛を連想させてきましたし、甘美な洋梨は女神ヴィーナスの好物でした。ですから、どのヴァレンタインの食卓にも、いちぢくやざくろのような種のある果物がふんだんに出されたものです。

プラム・シャトル、ハート・ケーキ、そしてクーリング・サラダ

繊細な赤と紫のケーキは、饗宴の大切なごちそうの一つです。プラム・シャトルと呼ばれ、形は指ぐらいの長さの楕円形で、紫色のプラムや干しぶどうやキャラウェイ・シ

種のある果実

ードの入ったケーキです。それは、織り手が布の縦糸と横糸の間に糸を通すのに使うシャトルと呼ばれる「梭《ひ》」と似ています。このケーキは、人生という〝織り物〟に織りこんでいく愛を象徴しているのです。

小さなハート型のケーキの方は、さくらんぼ、プラム、ざくろなどのような赤い果物からできています。宴会の客人たちは、こういうケーキをいただきながら〝心からあふれ出る〟感情を祝いあうのです。

上気嫌で誰もが席に着き、喜々として、愛のムードにひたりながらいただきます。聖ヴァレンタインの愛というものは、生真面目ではなく、ほんの気まぐれなものです。

ところで、情熱をかりたてるごちそうがあるからには、それをしずめ、バランスをとるようなごちそうがあってもよいはずです。ある種の野菜には、感情を和らげ、しずめる効果があります。たとえば、フェンネル、チコリー、ヘンルーダなどのハーブを軽くまぜたレタスのサラダなどは、もっとも心を静めるものといえましょう

ヴァレンタインの当てっこゲーム――「レイディ・アン」

祝宴のためにできたカップルは、ヴァレンタインの当てっこゲームの間は、しばし、離ればなれになります。

当てっこゲームの一つに、「レイディ・アン」があります。客人たちは、小さな輪を作って、お互いに向き合って腰掛けます。鬼役ラヴァーだけが輪の中に立ち、他の客人

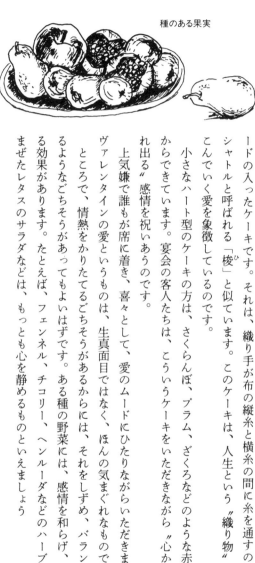

ういきょう（フェンネル）

たちは小さなボール（球）を後手《うしろで》に手渡していきます。ラヴァーは誰がボールを持っているかを見ずに、その人を当てなければならないのです。ボールを本当に持っている人こそが、鬼役ラヴァーの恋しいヴァレンタインなのです。

このゲームはヴァレンタインを隠すのですが、ラヴァーがボール、つまり〝愛の印〟を持っている人を正しく当てさえすれば、ヴァレンタインの正体が明らかになるというわけです。

輪の中にいる鬼役は、片方の手袋を手にして、次のように歌います。

笛を吹きながら、やってきました。
最初は二月、それから五月。
私の貴婦人（または、私の殿方）が、玉座にすわっておいでです。
宝石のように輝いているその方を
私の愛しいひとと呼びたいのです。
ほら、ここに、手袋があるのです。
すべての地で最も良きヴァレンタインの、手を包む。
私はただ一人を選びます。
すべての方々の中から。
私のいとしい貴婦人（殿方）が、私にボールを下さることを祈ります。

もし、鬼役のラヴァーが誤って推量し、ボールを持たない人に手袋を渡してしまうと、この間違われた人は次のように言います。

　このボールは私のもの。あなた様のではございません。
　さあ、またお目にかかりましょう、ヴァレンタインさん！

鬼役ラヴァーはこの間違われた人と場所を交代し、この人が、今度は鬼役になって、手袋を手にするのです。ボールは「笛を吹きながらやってきた」という歌声に合わせて、後ろでどんどん廻されています。

しかし、もしラヴァーが正しく当てたら、その〝いとしい人〟は答えます。

　このボールは、あなた様のものです。私のものではございません。
　私はあなた様を私のヴァレンタインに選びます。

そして、〝恋する人《ラヴァー》〟と〝恋される人《ビラヴド》〟は、円から離れます。ゲームの方は、誰もがヴァレンタインのペアーになるまで続けられます。

もう一つのペアリング・ゲーム――「ウィリアム卿」

もっと簡単な組み合わせのペアリング・ゲームには、「ウィリアム卿」というのがあります。一同が中心に顔を向けて、大きめの円を作って座ります。鬼役のラヴァーひとりが円の中に立って、ゆっくりと歩き廻り、ゲームをしている人たちをじっと見わたします。全員が「ウィリアム卿」という詩を歌い、〝ハート〟という最後の言葉で、ラヴァーはヴァレンタインを選び出します。歌は次のようなものです。

ウィリアム卿はディヴィド卿の息子。
すべての王室の血統が、ディヴィド卿から来ています。
東から、お選びなさい、
西から、お選びなさい、
あなたが一番愛する人を選びなさい。
その御婦人（殿方）がここにいないのならば、
心をこめて、他のお方をお選びなさい！

カップルになった二人のヴァレンタインは、軽く頬にキスをして、手に手をとりあって、輪の中に歩いていきます。

他の人たちが「ウィリアム卿」の歌をくり返し、ハートのところで、ヴァレンタインのペアーが他の〝仲間〟を選びます。今度は二組のカップルがだんだん小さくなっていく客人たちの輪の中を歩き、残りの人たちが歌い続け、ハートを歌うところで、再び新しい恋人たちが選ばれます。ゲームは、誰もがパートナーとして少くとも一度選ばれるとお開きになります。

ばら占い

恋占い

ヴァレンタインは、愛について問う時期でもあります。

確かに、愛は人間の最も力強い感情の一つであるとともに、最も不確かなものの一つでもあります。情熱について真剣に考えている誰もが、時おり、こんな質問を投げかけるものです。

「どのようにして、本当の愛を見きわめたら良いのかしら？　いったい誰が私に最もふさわしい恋人なの？　私が真に愛する人は誰なのかしら？　どこで、いつ、愛する人を見つけられるのだろう？　そしてその愛は、果して長く続くのかしら？　そして、どのようにしたら、愛を長続きさせることができるのかしら？」

このような問いかけに対する答えを見つける方法の一つに、中世では〝占い〟を用いたものでした。

占いは、過去、現在、未来に関する大切な問いに答えを見出そうとする試みでもあります。〝正しい方法〟が研究されれば、平凡な事柄でも、ちょっとしたヒントや手がかりで答えを明らかにするでしょう。でも、それにはどのようにして読みとっていくかを学ばなければなりません。たとえば、ミドサマー・イヴでは、恋人が本当に愛している

麻と麻の実《オノミ》

かどうか問う習慣がありました。占いは、花でされました。ミドサマーのばらが摘まれ、花びら一ひらずつでテストされるのです。

「あの人は、私を愛している」「愛していない」というように、花弁一枚ずつが相反する答えを出していくのです。花弁一ひら一ひらを抜いていって、残った最後の花弁こそが、愛しているといううるわしい事実を、あるいは、愛していないという恐ろしい事実を、明らかにするのです。

麻の実占い

聖ヴァレンタインの占いは、未来の妻か夫の正体を明らかにします。ごくありふれた麻の実が、占いに使われます。熱心に占いに答えを求めようとする四人の質問者が、広間の中央に、それぞれが麻の実か、お米の入った小袋を手にして立ちます。ゲームをする人たちは、半分水が入っている広口の浅いボウルに背中を向けて立って、注意深く、左の肩ごしに麻の実を水の中に落としていきます。この落ちていった実がある形を作ります。

麻の実を播けば、
麻の実は大きくなるでしょう。
私を愛して下さる方に

後からついて来て、刈り取ってもらいましょう。

〝播かれた〟麻の実は、愛する人の名前や職業のヒントや目印を教えてくれます。もし、落ちた麻の実の形がアルファベットの文字に似ている場合は、望んでいる人の名前の頭文字を表わしています。家の形に似ていれば、裕福な求婚者を表わします。王冠は権力、貴族階級を表わし、弓矢は狩人を、攪乳器は牧夫か乳しぼり娘を表わすのです。

小宇宙的な迷信と大宇宙的物の見方

本当に分別のある人には、占いのボウルは何の変哲もない麻の実のかたまりにすぎないでしょうし、占い自体がこっけいな迷信に映ることでしょう。

ところが驚くべきことに、こういう物は、中世の物の考え方にとっては大切なものだったのです。宇宙におけるあらゆる物が整然と、密接な関係をお互いに持ちあっているのです。宇宙における星も、お互いに協調しあい、それが人間の生活に影響したのです。人間の運命を、宇宙とこだまのように呼応している自然界の木々、植物、さらには石によってすら占うことができるのでした。宇宙、人間、動植物界には共通なパターンがあります。ですから、熟練した者の目には、それがいったい何を言わんとしているのか、読みとれるのです。そういう物に運命を見出そうとしている人には、占いは運命のパターンが明らかになる絶好の機会だったといえるでしょう。

西洋のこぎり草

のこぎり草

この他のヴァレンタインの占いに、ヤロウと呼ばれるのこぎり草を使って行なうのがあります。くじで組んだ恋人同志は、それぞれの相手に、青々としたのこぎり草の小枝を贈ります。生き生きしているか、しおれているかによって、その愛が忠実であるか否かを予言するのです。もし食事が終るまで、のこぎり草が生き生きと新鮮なままであったら、その草が表わす愛は真実であるでしょうし、色が褪せてしおれてきたら、愛の力が不安定で衰えてくることを示しているのです。

夜ののこぎり草、エリンゴ、ピロウ・フェイス

のこぎり草の忠実度テストは、時には饗宴が終ってからも、ヴァレンタインの夜通し行なわれることがあります。

五枚ののこぎり草の葉が床につこうとする人の枕の上にピンで止められ、その上にローズ・ウォーターがふりかけられます。その葉が翌朝まで元気が良かったら、葉が代弁している愛が長続きすることを証明し、しおれたり、枯れたりしたら、愛の暗いさだめを意味します。

夜の占いにはもう二つありますが、それは未来の恋人の正体を明らかにします。エリ

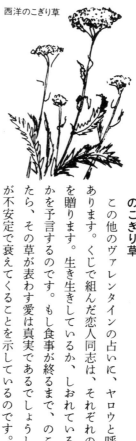

ンゴはエリンギウムの草本、あるいはシー・ホリィとも呼ばれるものですが、若い人びとの愛を予言するのにしばしば使われるので、〝若者の愛〟とか〝少年の愛〟とも呼ばれています。枕の中に入れられた葉は、眠っている人の夢の中で最愛の人の姿を明らかにしてくれるといわれています。

眠る前に、次のような願いを三回繰り返さなければなりません。

最愛なるヴァレンタインさん
私の願いを聞いて下さい。
夢の中で、私の本当の恋人を見せて下さい。

もう一つの夜の占いに、こっけいな形を表わす〝ピロウ・フェイス〟というのがあります。

エリンギウム一種類のものと、あるいはのこぎり草やローズマリーのようなハーブをとりまぜたものがありますが、それらを幾つかの枕につめこんでベッドの足もとに置いておくと、翌朝までに二回、愛の形で姿を現わします。最初はハーブの芳しい香りで夢へと誘われ、愛の夢を見るのです。二回目は、足元に置かれた枕自体が蹴られて折れ曲ったり押されたりするので、形がくずれてしまいます。遠くから見ると、枕が顔の形をしていますが、それこそが愛しい人の顔の輪郭なのです。

ローズマリー

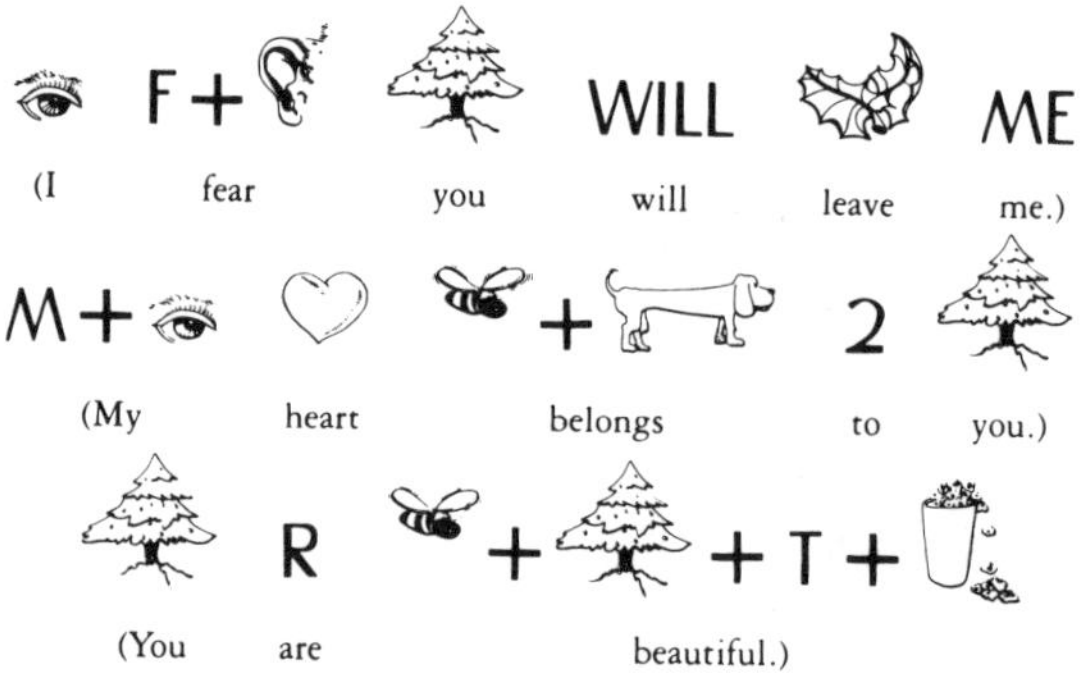

ヴァレンタインの会話と判じ絵

ヴァレンタインの饗宴の会話は、愛についてでなければならなかったのです。熱烈な情愛はしばしば神秘的な強い力を持っていると考えられましたので、ヴァレンタインの宴客たちは不思議なやり方でヴァレンタインの手紙を書いたのでした。判じ絵は、人、考え方、事物を表わしたもので、言葉に置き代えることができるのです。どの客人も、祝宴が終るまでに、少なくとも一度は、判じ物でメッセージを書かなければならなかったのです。

たとえば、上図のようなものです。

こういうすべてのヴァレンタインの行事は、愛というものが人間の表現しうる最も力強い感情の一つであることを、宴客たちに思い起こさせるものなのです。

二月という月は、未だ冬の寒さに凍てついているものですが、それでも春が必ず訪れてくるのを心待ちにする時でもあります。自然界の動物同様に、人びとも新しい愛の季節を祝いあうはずなのです。ですから聖ヴァレンタインの日は、人間が本来生まれながら持っている偉大な情熱を、大いに喜びあう時でもあるのです。

のこぎり草

第三章の解説

この章には、ヴァレンタインの饗宴に供されるごちそうが出てきます。その中には、今日でもイギリスの代表的な料理とされるロースト・ビーフもありますし、前にも出てきた、羽根をつけた雄孔雀の口から火を吐いているような仕掛をほどこした豪華なごちそう、雀の卵などという珍しいものもみられます。

ローズウォーター（rosewater）は、ばらの花びらを煮出すだけで、私たちでも作ることができますが、そこへハーブの砕いたのを浮すことで、さぞすばらしい芳香が漂ってくることでしょう。ベイ・リーフ（bay leaves）は月桂樹の葉で、日本でも手に入るようになりました。マヨナラも、マジョラム（marjoram）として売られている、野原に自生する多年生の紫色の花をつける植物からとられた香料です。ヤロウ（yarrow）は、葉がのこぎりのように鋭いところから名付けられたのこぎり草のことで、キク科の多年生植物です。白からすい赤色の小さな花がかたまって咲き、匂いのよいところから香料としても用いられますが、本文にも出てくるように、占いとしても用いられます。

古いイギリスのバラードに、「のこぎり草の堤で」（The Bank O'Yarrow）という決闘と愛の詩がありますが、〝のこぎり草の堤で……〟が、各節にくり返されています。

ハーブの話が出たついでに、サラダに用いられているハーブには、前に出てきたヘンルーダの他に、フェンネルのういきょう（fennel）とチコリ（chicory）があります。ういきょうは、夏に黄色の小さな花をつける多年生の植物ですが、実は香料、薬、油の材料としても使われます。チコリは、キク科の多年草で、たんぽぽに似た花をつけます。葉をサラダにしたり、根を乾燥させ粉末にして使いました。

いちい

それから〝愛の月〟であるヴァレンタインの二月には、未来の愛への憧れにぴったりくるのが種々の占いのようです。ばらの花弁の占い、のこぎり草の占いの他に麻の実（hemp seed）や米（rice）を用いての占いもありました。麻の実は、ヴァレンタインの占いだけでなく、夏至の火祭の火に投げ入れると麻がよく育つとか、多産の象徴ともみなされ、冬も卵をよく産むようにと、にわとりに食べさせたりもしたようです。

もう一つ占いに使われている植物はエリンゴ（eringo）です。せり科の草木で、夏に青い花をつけ、根を長く張りますが、その根を砂糖漬けにして食べると、若返りの薬になったそうです。

絵文字に使われている三角形の樹木はいちいの木で、"yew" と発音が "you" に似ているところから、〝あなた〟の意味に使われています。

レイディ・アン（Lady Anne）のゲームに歌われる手袋は、初めは男性に用いられたものでしたが、十三世紀頃には上流階級の男女に用いられるようになりました。ただ、象徴的な用い方には男女差があり、騎士が手袋で相手を打てば決闘の申し込みで、その習慣は今日の英語にも〝挑戦する〟（"throw down the glove", "take up the glove"）として残っています。女性が自分の手袋を男性に与える行為は、心を与えるのにひとしく、本文に出てくる詩はこの場合です。

愛を表現するために交換したのは手袋だけではなく、袖もそうでした。私たちの感覚では、「なぜ袖が？」となるのですが、中世の袖は袖付けがゆったりしていて、変え袖を幾組か用意して、袖ぐりにピンなどで留めたり縫いつけたのでした。愛する騎士に袖を贈るエピソードは、

フランスの騎士物語にもしばしば出てきます。

袖の色にもいろいろあったのに、本文にも出てくるグリーン・スリーヴス（green sleeves）が最も有名になりました。グリーンの海から生まれたとされる美と愛の神ヴィーナス――グリーンは愛の色とされているからでしょうか、これを身につけたグリーン・スリーヴスと呼ばれる貴婦人の話は、伝説に物語に、詩や演劇、歌にも出てきます。

Greensleeves was all my joy,
Greensleeves was my delight;
Greensleeves was my heart of gold,
And who but Lady Greensleeves

これは十六世紀の作者不詳のバラードですが、シェークスピアの『ウィンザーの陽気な女房たち』にも使われました。第二幕第一場で歌われるその曲の楽譜を、あとにつけておきましょう。

なお、楽器のリュート（lute）は指で演奏する弦楽器で、マンドリンに似ています。アラビア人に愛好され、十字軍で東西の交流が盛んになったことからヨーロッパに入ったといわれています。弦の数も、四本、六本、二十本と増えていきました。全盛は十五世紀から二百年ほどで、今日のピアノよりも重要な位置を占めていました。

Green Sleeves

有村祐輔・吉田正俊編著『シェイクスピアの音楽』（大修館書店）より

第4章
3月：イースター

イースターのお祭りの広間は、ときわ木と春の花々、また片側には太陽をあらわす大きな金色の円盤が飾られています。向い側の壁には、やはりユラユラと輝く銀色の月がかかげられます。

中世のイースターは、太陽や月面のように、うつろいやすいのです。どんなふうに、いつ祝うかは、そのつど変ります。おごそかにして陽気、敬虔にして恐れを知らぬ、つつましやかでありながら浮かれ騒ぐお祭りなのです。

イースターとは、最も深い宗教的神秘的なお祝いであると同時に、暖かく光り輝くものに対する人間の最も素朴な、やむにやまれぬ烈しい想いをこめたものでもあるのです。イースターが同じ日に二度めぐってくることは、ほとんどありません。中世のイースターは一日ではなくて、なんと百二十日間もめぐりめぐる饗宴と断食なのです。イースター・サンデーは、その真ん中の日にすぎないのです。

四旬節と呼ばれる休日に当るイースター・サンデーの九週間前にイースターは始まり、聖霊降臨祭に当るイースター・サンデーの八週間後に終ります。イースター・サンデーは暦の上では年によって日が変るのです。時によっては三月二十三日と早くきたり、四月二十三日のように遅くくることもあります。イースター・サンデーは何で決まるかといえば、三月二十一日の春分の日の満月で決まるのです。イースター・サンデーは、満

月の後にくる初めての日曜なのです。十七週間も延々と続くイースターの日どりは、満月の日を中心にして、前後に数えることで決まります。

イースターにとっては、太陽も重要です。〝イースター〟の呼び名は、異教徒のあけぼのと春の女神エオストルにちなんでいます。イースターになると陽は高くなり、光が満ち、日が長くなります。冬の死んだような寒さにうち勝って春の暖かな太陽がのぼってくることを、特によろこびことほぐのです。キリスト教的意味づけにも、それは合致します。キリストの昇天は英知の光をもたらし、救済の日を約束するのです。キリストの救済は、暗い死に対する輝かしい勝利なのです。百二十日にもわたるイースターの主な行事は、教会で行なわれます。家庭やお城では、その日毎に特別なごちそうをいただいたり、特別な儀式をします。

エレオノール・オヴ・アキテーヌ（一一二二〜一二〇四年）が王妃としてイングランドに嫁いできたとき、熱心で博識な廷臣は、直ちにイングランドに伝わる百二十日に及ぶイースターのならわしをすっかり御講義しようとしました。新王妃は上品に、だが毅然として申されました。「何がとりわけイースターの特色なのか、それだけを述べなさい」と。その答は、「ペイス・エッギングとモリス・ダンス、そしてミステリイ・プレイ」なのでした。

イースター・エッグの儀式

宴会の客人たちが活気にみちた音楽にあわせて席につくと、儀典官は主賓席のテーブ

ルの飾り物、センターピースに注意を換起します。
そこには極彩色に彩られたペイス・エッグが、大きなガラス製の深鉢いっぱいに盛られています。ペイス・エッグとは、花や野菜からとった染料で色づけされた固ゆで卵のことです。卵のとがった先には、レースや刺繡のふち飾りや小さなガラスの宝石がついています。いくつかは客人の家族それぞれが考え出した意匠で仕上げられたのもあります。紫と赤とで半々に染め分けられたペイス・エッグに、四頭の金色のライオンが描かれているもの、金色と明るいブルーの地に一つの車輪を三つの黒い三日月が囲んでいるものなどです。パン職人のペイス・エッグには、一角獣とライオンが一緒になって、一本のプレッツェルを支えているシンボルが描かれていたりします。
〃ペイス〃とは、ユダヤの祭日である過越しの祭りという語に相当するヘブライ語のパスクと同じ意味で、イースターも意味します。美しいペイス・エッグは、これから〃ペイス・エッギング〃と呼ばれる寸劇を演じる役者への贈物なのです。短い劇を演じ、金貨とペイス・エッグを報酬として求めるのです。よく知られているペイス・エッギング・コメディは、トゥエルフス・ナイトで役者たちが演じたような、聖ジョージとドラゴンの劇です。
ペイス・エッギングのもう一つのやり方は、卵ころがしです。床のなめらかなカーペットの上で、二組に分れた客人が卵をまっすぐにころがします。小さな門に卵をくぐらせてころがし、交換するのです。とても速く、あるいはひどくのろのろと、あるいはくるくると回しながらですが、すべてわれたりしてはいけないのは勿論のことです。

モリス・ダンス

ロースト・ラム、アップル・フリッター、かぐわしいハーブをぴりっときかせたタンズィ・ケーキなど、イースターのごちそうやりんご酒が出されます。

ファンファーレが、広間の人びとに静かにするようにと響きわたります。そして突然、ステップを踏みならす音と鈴の響きがモリス・ダンサーたちの入場を告げます。黒っぽいタイツとチュニックを身につけた十二人のダンサーたちが、木靴か木製のタップのついた靴（今日のタップダンス用の靴には金属製のものがついていますが、当時のは木製。リズムを取るダンスにこれをはいたものです――訳者）をはいて、鈴のたくさんついたベルトをくるぶしにつけ、ひいらぎの輪飾りをかぶり、流れるようなスカーフをつけた長いまっすぐな棒をたずさえて登場します。

最初に彼らは、優雅な物腰ではあるものの、にぎやかにスカーフをたなびかせながら、広間をぐるっと歩き廻ります。それから輪をつくり、凝ったふりつけのステップでゆっくりと調子をとりながら、太陽の動きに似たアーチを描き、時計まわりでまわっていきます。楽人たちがシンバルや笛、テイバー・ドラムで激しい音楽を奏でると、今度はモリス・ダンサーたちは足を踏みならし、空中に高くジャンプして踊るのです。

〝モリス〟という名前は、スペインのムーア人のダンサーに源を発しています。でもダンスの方は、大地の豊饒を祝う伝統的な春の祝典なのです。強烈に踏みならすステップと鳴り響く鈴の音は、まどろむ野原の精霊たちを目覚めさせると考えられていたので

した。跳躍は、どうぞ穀物をのびのびと繁らせ、羊の群をたくさん増やし、私たちを繁栄させてくださいと、精霊たちに願っているのです。

ミステリイ・プレイ——ノアの大洪水

手品、魔術、マイム、音楽と続く中で、ごちそうがどんどん出てきます。ゆったりとした音楽をさえぎるように、ひとりの背の高い、白いひげをはやした男が、ものものしく朗々たる声で高らかに告げます。

予はこの世を作り賜うた神である。
天と地、そしてすべてのものを。
お前たちが行ないにおいても心がけにおいても
大変なあやまちを犯しておることはわかっておるのだ。
予は人間共をほろぼすと決めた。

この役者は、「大洪水」というノアの洪水の劇を紹介しているのです。

ペイジェント・ワゴンという移動式の舞台で、ふつうは野外で上演され、チェスターというイギリスの町に源を発する宗教劇なのです。ミステリイ・プレイは、聖書のお話しを劇化したもので、娯楽であると同時に啓蒙をねらいとしています。劇を作る人たち

や演ずる人たちは、その物語にぴったりの仕事をしている職人なのです。「大洪水」は、水上運送人たちによって演じられます。
神を演じる役者がノアを召し出し、長さ三〇〇キュビト（約一四〇メートル）、幅五〇キュビト(約二四メートル)、高さ三〇キュビト（約一五メートル）の箱舟を作るよう命じます。（キュビトは、肘から中指の先までの長さ――訳者）ノアの家族は、洪水の後で、あらゆる生命が再生できるよう、地上におけるありとあらゆる鳥獣をつがいで箱舟にのりこませなくてはなりません。ノアの息子のセペテは猫、犬、かわうそ、狐、野うさぎを集めます。ノアの妻は、熊、狼、猿、きぬざる、いたち、りすをさらにあつめます。雨になり、家族は自分たちも箱舟へのりこまなければなりません。しかし、ノアの妻はいやがります。

ノア―「妻よ、来なさい。なぜそこに立っているのだ。
　乗れ！　さあ、おぼれてしまうぞ。」
妻―「あなた、舟を出して下さい、こぎ出して下さい。邪悪な歓呼と共に。
　決して私はこの町から
一歩たりとも動くことはないでしょう。
私には、ここにたくさんの友がいるのです。
みんなです。
その中の一人でも助けてあげることができれば、その人はおぼれ死んだりはしないでしょう。

それが、お嫌なら、別の方を妻にして下さい。」

〔彼女は罵り叫ぶ。夫や息子やすべての忠告を拒んで、おしゃべり仲間と酒を飲んでいる。いよいよ最後の段になって、彼らは彼女を箱舟に引きずりのせる。〕

ノアー「よくきた、妻よ、舟にのれ」

再生、復興、死の後にくるより崇高な生命の復活、このようなイースターの主題と、「大洪水」は密接につながっているのです。

その他のイースター・デイ

十七週間に及ぶイースターには、それぞれの日に応じて象徴的なものがあり、パックス・ケーキやパンケーキを食べたり、ダンスやコンテスト、ゲームなどをしたりします。

現代における一日限りのイースターは、五旬節、ざんげ火曜日、聖灰水曜日、母親訪問日、四旬節第五の主日、しゅろの日曜日、洗足木曜日、受苦日、祈願祭前の日曜日、昇天祭、聖霊降臨祭、聖霊降臨祭の月曜日という、中世の延々とめぐるイースターが百二十分の一に簡略化されているのです。

中世においては、この長い祭りのそれぞれの日に、新たな日の奇蹟をお祝いしたものでした。

第四章の解説

中世ヨーロッパの才女の一人は、本文に出てくるエレオノール・オヴ・アキテーヌ(Eleanor of Aquitaine, 1122—1204. フランス式には Aliénor d'Aquitaine) でしょう。フランス王ルイ七世と離婚後、イングランド王ヘンリー二世と結婚した女性ですが、彼女の宮廷は礼儀作法と詩の中心でした。

　そのエレオノールがイングランドへ嫁いできたとき、長い説教をしようとする廷臣を押しとどめ、「何がイースターの特色なのか」と訊ねたというのですが、フランスにももちろん復活祭はあります。「何がイングランドの復活祭の特色なのか」が彼女の質問の意味ですが、それに対しては「ペイス・エッギング」、「モリス・ダンス」、「ミステリイ・プレイ」の三つという答えが返ってきました。

「復活祭」(Easter) は、処刑されたキリストのよみがえりを祝う行事ですが、四章の後の方に出てくる一連の宗教日は、復活を中心とし、それへ向けてのものと言えるでしょう。まず五十日前の「五旬節」(Quinquagesima)、荒野のキリストを思い断食などを行なう四十日間のレント (Lent) の前日にあたる「ざんげ火曜日」(Shrove Tuesday)、翌日の「聖灰水曜日」(Ash Wednesday) の礼拝では、ざんげのしるしとして、額に灰で十字を描くか、灰をふりかけます。それから四旬節第四日曜日にあたり、イギリスでは母親を訪問する習慣をもつ地方もある「母親訪問日」(Mothering Sunday)、復活祭直前の日曜で、キリストがエルサレムに入ったことを記念する「しゅろの日曜日」(Palm Sunday)、最後の晩餐を記念する「洗足木曜日」(Maundy Thursday)、そして翌日のキリスト受難の日である「受苦日」(Good Friday)、そして日曜日の復活へと続いていきます。また「昇天祭」(Asension) は死から復活したキリ

ストの四十日後の昇天、「聖霊降臨祭」(Pentecost) は聖霊が使徒たちの上に降ったのを記念する日です。

さて、こうした「復活祭」を祝うにあたっての三つの特色ですが、まずペイス・エッギング (pace egging) の彩色卵です。

イースターはキリストの復活を祝うキリスト教的行事ではありますが、異教的要素も入っており、春の訪れを祝う再生の時期でもあります。この卵の彩色は、生命の存続、多産を願う行事で、イギリス人によりアメリカへも伝えられました。今日ではヨーロッパでもアメリカでも、彩色卵はイースター・ウサギ (Easter Hare) が持ってくると信じられていますが、これはもっと後になってからの話かもしれません。うさぎ自身は繁殖力も旺盛で、古くから多産の象徴でした。

モリス・ダンス (Morris Dance) は、本文にもあるように、アフリカ北西部やスペインに住むアラブとの混血種であるムーア人 (Moors、形容詞は Moorish) の間の戦陣舞踊であったと伝えられています。それがスペインを通っていつイギリスに入ってきたかは、十三世紀、十四世紀中頃、それ以後と諸説があり、主に五月祭のダンスとされていますが、ここでは復活祭に特有なものとなっています。タップのついた靴に鈴、ひいらぎの輪飾りとスカーフをつけた棒がここで描かれている彼らのいでたちですが、グループの踊りであること、布を振り鈴をつける、膝をあまり曲げずにステップを踏み、軽くまたは高くジャンプするのが特色だったようです。

シェークスピアの『ヘンリー六世・第二部』の第三幕第一場でも、ジャック・ケイドという騎士の強さに触れるところで、投矢が何本も彼に当たると、「彼はモリス・ダンスの踊り手のように真っすぐにジャンプした」とあるように、高く真っすぐ跳ぶ、動きの激しい勇壮なダンスだったのでしょう。踊り手の人数もここでは十二人になっていますが、六人に道化が一人と七人だったり、ロビン・フッドなど物語中の人物などの仮装をしたともいわれています。

三番目はミステリイ・プレイ（Mystery Play）です。

この本は奥行きの深く難しい問題を扱っていると申しましたが、この劇にしても、日本では「神秘劇」と訳されてきました。直訳は確かにそうなるのですが、“mystery”はフランス語の“mystère《ミステール》”から、この語はまた、務めを意味するラテン語の“ministerium《ミニステリウム》”から由来していて、必ずしも〃神秘〃を扱うものではないと考えられています。つまり旧約・新約聖書から題材をとった宗教劇で、それぞれの職業組合によって山車であるページェント・ワゴン（pageant wagon）の上で演じられたものでした。

ここでは城館の広間で上演されていますが、旧約聖書に出てくるノア（Noah）の箱舟が主題です。神の審判としての大洪水が襲う前に、ノアは神の命によって箱舟を作り、家族とともに救われ、大洪水後の新しい世界の祖となる有名な物語の舟に乗り込む場面を扱ったものです。

復活祭のごちそうとしてタンズィ・ケーキ（tansy cake）とパックス・ケーキ（pax cake）とがあります。タンズィはよもぎぎくで、丸い黄色の花をたくさんつけ、苦味がありますが、ミルク、卵、砂糖と粉でカスタード・プリンを作ります。またパックス・ケーキは「しゅろの日曜日」に聖職者から与えられるケーキで、パックスはラテン語で〃平和〃を意味します。

第5章

4月：万愚節
<small>オール・フールズ・デイ</small>

四月の饗宴が催される広間に客人たちが列をなして入り始めますと、トランペットの堂々たる吹奏が始まるのですが、それはなべぶたのすさまじい響きでおしまいになります。給仕たちが帽子や服を後ろ前に着ているかと思えば、別の者は空っぽのお盆を持って後ろ向きに歩いたりしています。主賓席のかたわらには、星や月模様のついた丈の高いとんがり帽子をかぶり、黒い服を着た男の人がいて、空中から炎をつかみとったり、袖の中から蝶を見つけ出してきたり、犬を歌わせたりします。がっちり組み合わされている鎖の輪なども、彼が触れればバラバラに飛び散ってしまいますし、若くて、美しい御婦人をのこぎりで二つに挽いてしまうのです。

四月の世の中は、逆さま世界。物事は外観通りではなく、きちんとした秩序はひっくり返ってしまっているのですが、それが愉快なのです。万愚節は、途方もないことのすばらしい祝典なのです。

無礼講の王、雑色服と逆さま

名誉ある椅子には、主賓席で主人役をつとめる高貴な主人や御婦人が座るのではなく、道化師のためにとってあります。その道化師は、〝無礼講の王〟と呼ばれます。〝雑色《マトリ》の

無礼講の王とさかさ文字

服〟と呼ばれる色とりどりの道化師の服を着て、先端に鈴のついた細長くてびらびらした先のとがった帽子をかぶっています。そして小さな頭が上につけてある笏を携えていますが、その頭にもまた、鈴のついた道化師の帽子がかぶせられています。

給仕たちは、いろいろなことを逆さまにします。一番どうでも良いようなテーブルから真っ先に給仕して、主賓席を最後にまわしたり、御辞儀を、人びとのほうを向いてするのではなしに、背中を向けてしたりします。人びとは、鏡文字で字を書いたり、ページの右側から書き始めて、左へ向かって書き進めていったりします。儀典官は、言葉を後ろから逆さに「演奏致します。ファンファーレを、楽人たちが、さあ！」とこんなふうにもったいぶって言うのです。この饗宴はすべて逆の手順で行なわれますが、このことは、逆さま（ウィダシンズ）と呼ばれています。

愚人祭と少年司教

万愚節は一月に行なわれる愚人祭と呼ばれる教会の祝日と共通したところがあります。教会や修道院や学校では、生徒たちが先生を監督したり、若者が年上の人に指図したりしますし、少年が司教になったりします。この四月（あるいは愚人祭であれば一月）の饗宴では、祈りの言葉は逆さまに朗読されます。

大人たちが子供たちの機械仕掛けのおもちゃで遊び、子供たちは年上の人たちを嘲ったり、命令して廻ったりしている。(Hans Burgkmair, *Der Weisskunig,* German, 15th century. Metropolitan Museum of Art, Harris Brisbane Dick Fund)

驢《ろ》馬《ば》の饗宴とバラムの驢馬《ろば》

〝驢馬の饗宴〟と呼ばれるお祝いは——これにあたるラテン語はフェストゥム（Festum）アシノルム（Asinorum）ですが——特にフランスのルーアンとボーヴェという町で人気があったものでした。聖書の中の預言者バラムとその不思議な驢馬の冒険を描く短い劇が上演されます。一人の邪悪な王がバラムに報酬をやって預言を求め、イスラエルの人びとを呪うように頼むのですが、バラムは逆に祝福をしてあげます。でも後になって、彼は愚かにも神がお与えになったある御教えをかえりみないようなことをしたのですが、そのときには彼の驢馬はその教えに従いました。そこで、バラムの驢馬は預言者の保護者となったのです。乗り手の方が驢馬に指図されるというわけです。その驢馬は御教えに耳を傾けない愚かな預言者に対して、賢こそうに語りかけるのです。

「愚者の鏡」と驢馬のブルネルス

万愚節ではこの他にも、驢馬が教えたり説教したりします。饗宴のすばらしいごちそうや催しものの合い間に、「愚者の鏡」という十二世紀に書かれた、とびぬけて愉快な本からとった愚かしげな話しが朗読されたり演じられたりします。ナイジェル・ウィルカーがサレルノとパリのとても変った大学生について書いたものですが、その大学生と

いうのが、〝驢馬のブルネルス〟と名づけられた驢馬なのです。彼はしっぽが余りにも短いのをはかなんで、農場を出てしまいます。彼の描く驢馬の世界では、牛はしゃべり、亀は飛び、雄牛は荷車の後ろ側に引き具でつけられ、驢馬はリュートの演奏会をします し、胆のすわった兎が恐ろしいライオンを脅したりするのです。饗宴では、誰もが馬鹿げた話をして、聴き手にそれを信じさせようとします。たとえば、イヴの母親の冒険を描いた有名な話があったりします。

四月の浮れ騒ぎが示すもの

これらすべてのナンセンスなことには、意味があるのです。万愚節は、浮れ騒いでいる人びとに、規則というものは、時として面倒なものではあるが、さりとて、無秩序は破滅的であることを思いおこさせてくれるのです。

およそ物事はわずらわしく見えるかもしれませんが、でも、もし世の中が逆さにひっくり返ってしまったならば、ことはもっと悪いことになりましょう。万愚節で馬鹿騒ぎでもすれば、人びとはまた気をとり直して、人生のさまざまなしがらみに対しても、元通りちゃんと取り組んでいくようになるというものです。

第五章の解説

「万愚節」（All Fool's Day）の〝逆さま世界〟は、中世に始まったわけではなく、古代ローマの祭でも、その日だけは主人が奴隷に仕えるという行事があったと伝えられています。道化が聖職者になったり、主人が召使いになったりと、秩序がひっくり返るだけではなく、町や村でもどんちゃん騒ぎの無礼講が行なわれます。

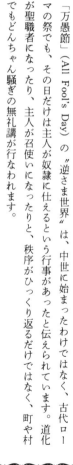

本文でも、いつもなら身分の一番高い人のすわる席に道化（jester）が着席し、〝無礼講の君主〟（The Lord of Misrule）として主人役を務めるとあります。彼はモトリー（motley）と呼ばれる道化の服を着ていますが、この場合の〝道化〟は（fool）になっています。モトリーは、いろいろの色のまじったまだら模様の服で、先の尖った帽子、鈴、笏杖などとともに、道化の典型的な服装だったようです。「万愚祭」とはフールの日、つまり「道化祭」でもあるのです。

〝fool〟とは〝バカ〟のことで、最初は真の愚か者を指したのでしょうが、そうした人物を真似ることを職業とする人たちが出てきました。一月の愚人祭（Feast of Fools）に登場する聖職者が演じる道化役もフールと呼ばれています。この愚人祭も〝逆さま世界〟で、下級聖職者が司教になったり、無礼講の王（King of Misrule）や無礼講の修道院長（The Abbot of Misrule）が任命されたりと、おかしなことが行なわれました。

でも、これらの〝逆さま〟は、単に茶番だけのものではないのでしょう。価値の逆転、すなわち逆の方向から見ることで、物事の気付かなかった側面も見えてくるものです。

その役割を季節を問わず行なっているのが、道化のフールであるということが言えるのではないでしょうか？　シェークスピアはフールをうまく使っていますが、主人の欠点をフールが

誇張して真似ることによって、観客にはそれがはっきりと見えてきます。また、幇間の役と同時に、役柄上、多少失礼なことを言ってもおかしくないところから、批判者の役目をになうこともあります。

『愚者の鏡』(*Mirror of Fools*) は、ナイジェル・ウィルカー (Nigel Wireker) として知られるイギリスの諷刺作家、ニィジェル・ド・ロンシャン (Nigel de Longchamps, 1130-1205) の作品です。彼はカンタベリーのクライスト・チャーチの修道士でしたが、社会や教会の俗化を諷刺してこの作品を書いたのでした。この作品の主人公は驢馬ですが、バラムの劇にも登場します。

バラム (Balaam) はメソポタミヤの預言者ですが、モアブの王バクラ (本文の〝邪悪な王〟) がイスラエルを呪うように頼んだ時にことわりました。でも後になると報酬に眼がくらみ、同意するのですが、神は驢馬に使いをつかわされました。「驢馬は主の使いを見てバラムの下に伏した」と、旧約聖書の民数記第二十二章二七行にあります。こうして驢馬はバラムをいさめることになるのです。

この二つの例で驢馬は重要な役割をになっていますが、古来人間とのかかわり合いを最ももった動物の一つは、この驢馬です。時代と場所により、その意味するものも〝預言者の乗り物〟〝ユダヤ人の乗り物〟だったり、ばか、お人よしとみなされたり、賢いとされる一方では無知の象徴でした。

南フランスの驢馬の祭での驢馬は、キリストの象徴。華やかな衣服で飾られて行進し、「アーメン」にはいなきを真似た音が出されたそうです。

第6章

5月：五月祭《メイデイ》

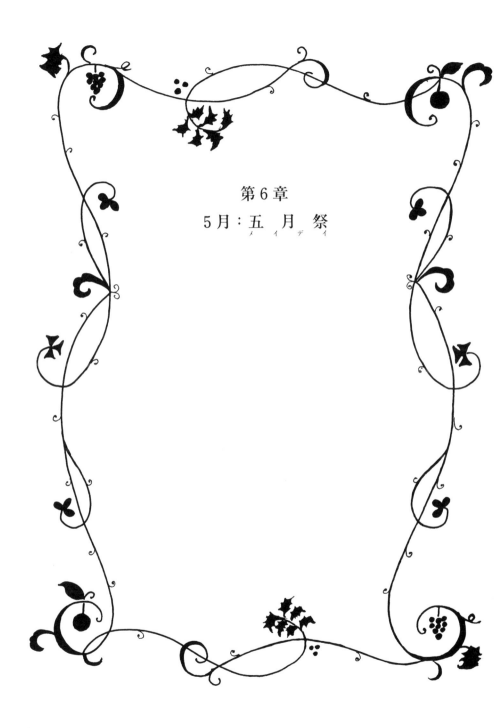

メイポール

すばらしい五月祭のさまざまなならわしや衣裳、飾りつけに踊り、そしてすてきな緑色のごちそうが、季節の変化を告げてくれます。多くの五月祭の儀式は、この世に今一度春を戻ってこさせようと、異教徒たちがあれこれ努めたことの名残りです。踊り手たちは、大地を目覚めさせようと足を踏みならし、五月の角笛や高らかな五月の口笛を吹きならします。そして五月の鈴はチリンチリンと鳴りながら、眠っている野原や森の精たちに、季節の移り変わりを知らせてまわるのです。

飲んだり歌ったりの大にぎわいの中心には五月柱《メイポール》がありますが、それは丈の高い丈夫な柱のようなもので、頂上にさまざまな葉や花の冠が飾ってあり、あざやかな色のついたリボンがぐるりと巻きつけられています。いわば一本の大きな木のようで、〝五月の女王〟はそのかたわらで冠を戴くと、周囲をぐるぐると囲んで踊る円い踊りの輪の先頭に立ちます。

五月柱競技のゲームでは、最も強いか、背が高いか、速いか、かわいらしいか、勇敢か、小さいか、声が大きいなどの秀れた者たちを選びますが、これら五月祭の優勝者たちは、五月柱の上に小さなベルをつけます。鈴の音や式典は、〝木の守護者〟が実り豊かにして下さるようにと、景気づけをするのです。

五月柱《メイポール》

多くの町や都市にはとても丈の高くて重い五月柱がありますが（九十フィート＝約二七メートルの高さになるものもあります）、それらは地中深くまで埋め込んでおかないといけません。これらの柱はその年の間じゅう、ずっと立てられっ放しになっていて、五月祭の日にだけ花の冠やリボンや吹き流しなどで飾られます。ロンドンには、その五月柱から名前が由来しているメイフェアという所があります。聖アンドリュー・アンダーシャフトという奇妙な名前の古くて立派なロンドンの教会などは、五月柱の下に建っている感じです。

丈の低い五月柱は五月祭のときのためだけに立てられて、あとは取り払われますが、屋外であれ屋内であれ、踊ったり祭典をしたりできるだけの広さのある所に立てられます。広間ですと、大きくてしっかりした基礎の上に立てられ、レンガや石で補強されて、陽気なお祭り騒ぎのすばらしい中心的存在になっています。

広間の輪飾りや輪

家や広間の扉は五月の輪飾りで飾られますが、窓なども同じで、常緑の枝で円い形に作られた五月の輪飾りは現代のクリスマスの輪飾りのように、それを見る人すべてに喜

ばしい季節の到来を告げてくれます。
輪廻し遊びのゲームに使われる大きな輪は、その内側の縁に飾りがついています。一定の間隔をあけた緑色のリボンと小さな鈴ですが、輪が廻ると色がパーッときらめいたり、チリンチリン鳴ったりします。輪は、時には人目につくロープや鎖などで天井から吊され、広間で空気や人びとが動くにつれて、くるくる廻ったり、チリンチリンという音色を響かせたりします。

五月の客人のための輪飾りと肩帯

五月祭の客人にも、輪飾りをつけます。花のついた緑の葉でできた冠をそれぞれが髪にピンでとめたり、ぴったりとした室内用頭巾につけたりするのです。その他の飾りには、緑色の肩帯がありますす。これは長いリボンで、一方は右の肩から胸へ、そしてもう一方は背中へと斜めにかけられ、両端を左腰の所で結ぶものです。

五月の女王

ファンファーレが、儀典官による五月の女王の戴冠を告げます。彼女は最も美しいか、若いか、背が高いか、あるいは名誉ある客人かですが、どのような理由で選ばれたにせよ、その女王は他に比類のない資質を持っている人でなくてはなりません。

彼女は金色の葉を一枚つけた金色の王冠をかぶり、五月のゲームの開始を告げたり、勝利者たちへ賞品を与えたりします。曲芸や手品のような、いつも通りのすばらしい娯楽の他にも、この時には食べることと飲むことが交互に行なわれますが、どちらも春の緑色に色づけされています。

ジャックインザグリーン

春の緑ずくしのごちそうとジャック・イン・ザ・グリーン

トレンチャーはといえば、すばらしい緑色をしたパセリパンのお皿です。その上にはレタスやほうれん草、豆や、エンディヴやフェンネル、それに緑色をした西洋すももなどの入ったグリーンサラダが供され、続いて明るい緑色をしたりんご酒が出されます。五月祭で人気のあるのが、果物を使った牛肉料理や緑色をしたペパーミントライスです。りんごの薄切りが、ミントの香りづけをした緑色のホイップクリームの中に入れられています。四人の客が一緒に、一つの小さなクリームの入ったボウルを使いますが、そのボウルはふつう葉の形をしています。

楽しいデザートが出ますが、それはジャック・イン・ザ・グリーンです。それぞれの客が、ジャック・イン・ザ・グリーンとか、ジャック・イン・ザ・ブッシュとか呼ばれる、大きなジンジャーブレッド・マンのクッキーを一枚もらいます。クッキーの頭には、緑色の小さな粒をちらしたり、パセリの小枝とか、あざやかな緑色をしたライムの香りのする、アイシングなどでできた輪飾りがあしらってあるのです。

ミント

メイイング・ラウンド・ザ・メリー・メイポール

客人たちは五月柱のまわりで円く手をつなぎます。時計廻りに動きながら、彼らは五月柱のまわりを踊り、足を踏みならし、そして昔の五月の儀式を一通り行ないます。そのメロディーは、よく知られている輪になってするゲームの「桑のまわりをまわろうよ」と同じですが、各節にはそれぞれに面白い身振りがついていて、特別な習慣を表わしています。手をつないで輪になった客たちは、次のように歌います。

さあ、楽しい五月柱のまわりを廻りましょう。
楽しい五月柱、楽しい五月柱。
さあ、楽しい五月柱のまわりを廻りましょう。
寒くて霜の降りた五月の朝にね！

踊り手たちは廻るのをやめ、手をおろし、五月を集めます。田舎での五月祭の祭典は、夜明け前に始まります。若い男女は森や野原へ常緑樹の枝や草花を集めに行きますが、これらは広間や客たち、五月柱のための花輪や飾り物になったりします。青葉も花も〝五月〟と呼ばれます。ゴーイング・ア・メイイングというのは、この早朝の森のパーティーのことです。最初の歌につける動作は、身をかがめて花を摘んだり手をのばして枝を切ったりするものです。

　こんなふうにして五月を集める……
　寒くて霜の降りた五月の朝にね！

次には〝五月の露を集める〟動作をします。五月の早朝の草や苔の上の露は、幸運がやってくるとも、健康になるともいわれています。肌に塗ると、その澄んだ水はすばらしい色つやを創り出すと考えられています。

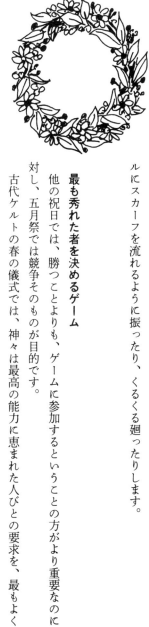

三番目の動作は〝春を目ざませるために足を踏みならす〟もので、踊り手たちは右膝を高く上げ、その足を強くおろして踏みならす動作をくり返します。その次が〝ジャック・イン・ザ・グリーンを焼く〟しぐさで、粉をこね、ジンジャーブレッド・マンの形にくりぬくのです。それから、民族舞踏のモリス・ダンスの真似。踊り手は、リズミカルにスカーフを流れるように振ったり、くるくる廻ったりします。

最も秀れた者を決めるゲーム

他の祝日では、勝つことよりも、ゲームに参加するということの方がより重要なのに対し、五月祭では競争そのものが目的です。

古代ケルトの春の儀式では、神々は最高の能力に恵まれた人びとの要求を、最もよくお聞き入れになると考えられていました。〃最も秀れた者〃が皆に代わって願い出たのです。そんなわけで、競走で一番速いとか、一番遠くへ跳べるとか、ボールを一番遠くへ投げられるとか、声を一番長く出し続けられるとか、輪廻しが一番上手にできるとか、輪投げを一番正確にできるとか、樽の中の豆の数を言い当てるのが一番うまいとか、最高の射手であるなどということを決めるゲームの指揮を、五月の女王がとるのです。

客人たちは、観戦しながら角笛や口笛を吹いて、競技者たちを励まします。それぞれの勝利者には、五月の女王がくるぶしに締めるベルトの上につける小さな鈴を一そろい与えますが、勝利者はそれを手ばやくつけます。五月のゲームが終わる前に、その勝利者である男の人か女の人は、五月柱のまわりを鈴の音を響かせて踊り廻り、鈴のついたベルトをはずして、五月柱につけてある賞品をかけるための小さなフックのいずれかにかけます。

すごろくとチェスと玉突き

五月祭にはすごろくとかチェスなどの台板を使うゲームをします。これらは、応々にしてテーブルに向い、静かに相対《あいたい》でするゲームなのですが、ゲーム板のようにデザインされた床の上で、いろいろな衣裳をつけた人びとが〃コマ〃――つまりチェスの王とか女王とか城将などになる手のこんだものもあります。

玉突きやかけ玉突きもまた、五月祭の楽しみの一つです。競技者たちはキューを使っ

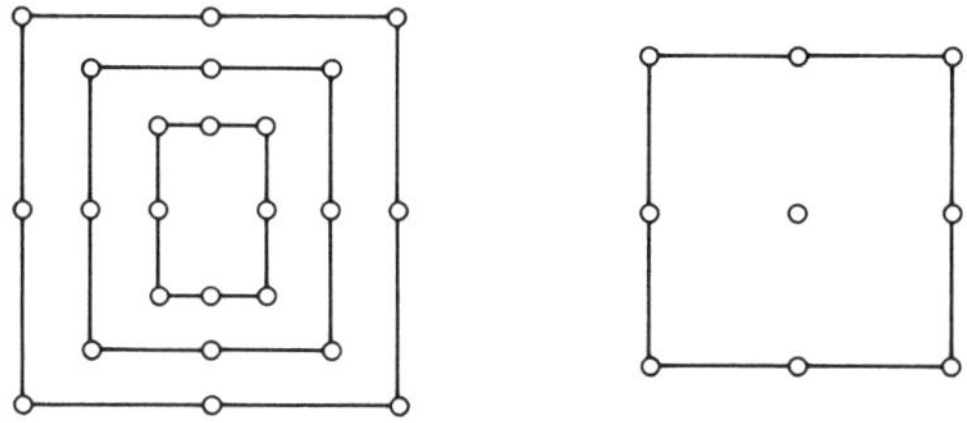

て玉突き台で行なったり、屋内や屋外にチーム用に準備されたフロアコートを使って行ないます。

九人でするモリス

最も人気のある娯楽の一つに〝九人用モリス〟があります。
貴族たちや牧童たちが屋内や屋外でそれ用にちゃんと作られた小型の板を使ってしたり、ざっと刈った草か土のままのコートの上でします。九人用モリスの基本型は、それぞれの競技者に色や形で誰それのものとわかるような九個の得点計算用の数取りを与えます。それらはくりぬいてエナメルをかけた象牙や木の玉であっても良いし、天然のままの棒や石でもかまいません。それらの数取りは、モレルス（単数・モレル）と呼ばれ、このゲームそのものの別名にもなっています。三個のモレルスを一列に並べるのが目的で、そのような列を作ることができた競技者は、相手からどんなモレルでも一つ取ってよいという特権があります。

九人用モリスでは、最もたくさんのモレルスを集めた競技者が勝ちとなります。二種類の競技板は、このようなものです。

たくさんあけてある穴が、モレルを受けとめます。戸外でするときには、〝実物大〟の競技板の上で人間が〝数取り〟になるのですが、その競技者たちの動く様がモリス・ダンスに似ているのです。ゲームの名はそこからきたのかもしれませんし、あるいは九つのモレルスから由来しているのかもしれません。

五月祭のその他の楽しみ

五月祭の他の催しごとには伝統的ですばらしい饗宴の娯楽がありますが、六月のミドサマー（夏至）の習慣に特に似ています。

第六章の解説

日本で「メイデイ」といえば、五月一日の労働者の祭のことですが、その起源は、ヨーロッパの伝統的な春の再生、豊饒を願う祭典でした。人びとは戸外へ出て歌い踊り、緑の季節の到来を喜びます。

その中心になるのがメイポール（Maypole）ですが、樹木を崇う習慣は、ケルト人、ゲルマン人をはじめ、全ヨーロッパにありました。強い生命力に対する信仰は、ヨーロッパではことに樫、樅、菩提樹、月桂樹などに向けられたのでした。日本でも門松や諏訪神社の御柱にみられます。

メイポールには、さんざしの柱という意味もありますが、使われる樹は白樺だったり樅だったり、また場所によっても違います。頂点の部分だけに緑を残して枝を払い、真っすぐの棒に仕立てて立てます。飾りつけも、時代により場所により様々で、樅の葉で作った輪を下げたり、幹にリボンを巻きつけたり、頂上に近い部分や、または頂点に緑の輪をつけ、そこから赤、白、ブルー、黄色などのリボンを流したり、枝代りの横木を何本も出して木製の人形をつけたり、パンや花などを飾ります。

北国のスウェーデンでは、同じものを六月の夏至に立てますが、リンド・グレーンの童話『やかまし村はいつもにぎやか』（大塚勇三訳、岩波書店）にも柱に枝を飾りつけ、リラの花環を二つつける模様が描かれています。

五月祭の早朝、森で集めた露を顔につけるとソバカスがとれたり、幸運を招くと信じられていたそうです。本文に出てくる森でのパーテイを〝五月迎え〟と呼んで、子供たちが森へ草花を摘みに行く地方もありました。

五月柱や市から名前が由来したというメイフェア（Mayfair）は、ロンドンのハイドパークの東側にあり、もとは最も上流色の強い住宅地区の一つでした。

聖アンドリュー・アンダーシャフト（St. Andrew Undershaft）は、ロンドンのレドンホール街（Leadenhall St.）にありますが、教会の南口に立てられた五月柱の方が高く、柱(shaft)の下（under)に立っている感じになるところから、この名前が生まれたのだそうです。

輪廻し遊びの輪は、本文に描かれているのはリボンと鈴のついたすてきな輪ですが、もっと簡単なフラフープのような輪を棒切れなどで押し進めていくゲームもあったようです。

緑の季節の緑ずくしの食物には緑色をつけようと、苦心の跡がうかがわれます。トレンチャーも緑のパン、そこへグリーンサラダを盛り、りんご酒も緑色なら、お米もペパーミントで緑に色づけされているというわけです。

エンディヴ（endive）は日本でもデパートなどで売られるようになりました。西洋すもも(greengage）はプリューン（prune)、プラム（plum）などと同じすももの一種です。ジンジャーブレッド・マン（gingerbread-man）はジンジャーの粉を入れて焼き上げたクッキーですが、人間の形に焼かれた〝ジンジャーブレッド・マン〟は、今日ではクリスマスの人気者になっています。

1、くわのまわりを　まわろうよ

「桑のまわりをまわろうよ」は、「マザー・グース」に出てくる歌です。

『マザー・グースうたのえほん』(草思社) より

1. く わ の ま わ り を ー ま わ ろ う よ ま わ ろ う
は あ は あ さ む い し も ー の あ さ

まわろう
はあはあさむい　しものあさ
2、みんなこうして　てをあらう
てをあらう
ぶるぶるさむい　しものあさ
3、みんなこうして　てをたたく
てをたたく
ぞくぞくさむい　しものあさ
4、みんなこうして　はをみがく
はをみがく
しんしんさむい　しものあさ
5、みんなこうしてかみとかす
かみとかす
はあはあさむい　しものあさ

(『マザー・グースのうたのえほん』大町正人編
谷川俊太郎訳詞、草思社)

Here we go round the mulberry bush.
  The mulberry bush, the mulberry bush,
Here we go round the mulberry bush,
  On a cold and frosty morning.

This is the way we wash our hands,
  Wash our hands, wash our hands,
This is the way we wash our hands,
  On a cold and frosty morning.

This is the way we clap our hands,
  Clap our hands, clap our hands,
This is the way we clap our hands,
  On a cold and frosty morning.

This is the way we brush our teeth,
  Brush our teeth, brush our teeth,
This is the way we brush our teeth,
  On a cold and frosty morning.

This is the way we comb our hair,

Comb our hair, comb our hair,
This is the way we comb our hair
On a cold and frosty morning.

モリス・ダンスは前にも出てきましたが、メイデイのそれには、五月の女王、彼女の恋人か召使役、ホビイ・ホース、笛吹き、道化など、いろいろの人たちも踊りに加わるようです。

第7章
6月：ミドサマー・イヴ

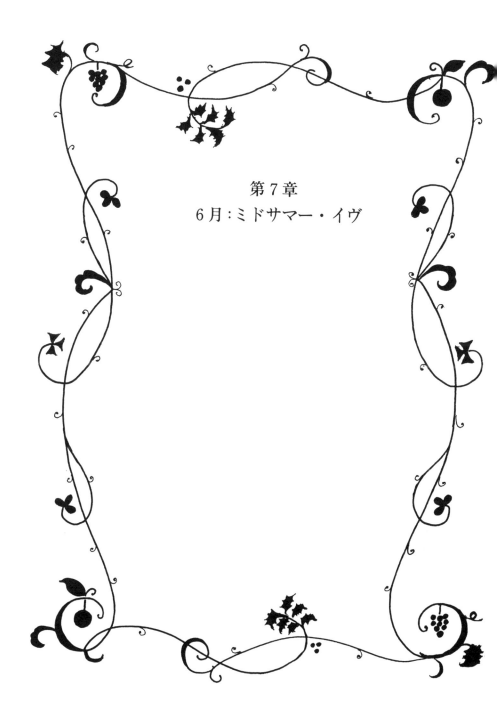

ミドサマー・イヴの式典の間、人びとはろうそくの灯で行進し、こんな謎めいたことを歌います。

緑色は金色だ。
火は濡れている。
未来は告げられ、
ドラゴンに出会う。

この謎めいた歌には、実は、四つの隠された疑問が含まれています。いつ緑色は、本当に金色になるのか？　いつ火は濡らされるのか？　いつ未来は予言されるのか？　いつドラゴンに出会うのか？　すべてに対する答えが、ミドサマー・イヴなのです。

この祝日の式典は、大半がふつう考えられるようなものではありません。ミドサマーという名前でさえ意外で、その日たるや、夏のさ中にお祝いされるのではなくて、初めの頃なのですから。それは、夏至を祝うものなのです。一年の中でも、その頃は太陽が静止しているかのようで、昼間が最も長く、夜は最も短いのです。

聖ジョン
(Hans Memlinc の絵から)

ミドサマーの祭典は、五月祭のお祭りのように、冬の眠りから大地が目覚めたことをことほぐものです。これらの春と夏の祝日は、大地が青々とした新しい木の葉や草を生み出したことを祝うものです。早春に萌え出た緑色は、金色に輝いて見えます。ですから自然界での最初の緑色は、金色なのです。

ミドサマーの謎に隠された二番目の疑問に答えるのは、もっと難かしいでしょう。水は燃えることはできませんし、火は水の中では燃えません。しかしながら、ミドサマーの火が濡れているというのは、火をともしたろうそくやたいまつを水の上に浮かべるのが習慣だからなのです。これらの灯には、未来への願いごとが託されています。もし、ろうそくをのせた小舟が、池の向こう岸へうまく渡れたら、それに託されていた願いごともかなえられるでしょう。水に浮かべられたお祭りの灯は、望みを告げ、未来を予言すると考えられています。

その他のミドサマーの習慣もまた、運命を占うものなのです。その一つは、〝聖ジョンのパン〟ですが、それはパンなどではなく、おいしくて甘い、干した果物です。未来を予告するものには、他にも、〝聖ジョンのおとぎり草〟と呼ばれている植物がありますが、これはキリスト教の聖徒、洗礼者ヨハネの名をとって名づけられています。(ヨハネの英語名はジョン)彼の誕生日がミドサマー・デイなので、ミドサマー・イヴは、〝聖ジョンのイヴ〟とも呼ばれています。

ところが、この祝日の面白い習慣は、聖ジョンとはほとんど関係のない一匹の劇的な獣によってよりすばらしいものとなっています。ミドサマーの客の一人が聖ジョージの

役を務め、巨大なドラゴンなどを〝殺さ〟ねばなりません。それは、ドラゴンの形をした夙のこともありますし、巨大な装飾菓子サトゥルティでできたものかもしれません。
古代の異教徒の太陽崇拝の習慣と中世のキリスト教の伝説とが興味深く混ざり合って、ミドサマー・イヴとは、

緑色は金色だ。
火は濡れている。
未来は告げられ、
ドラゴンに出会う。
――そういうすばらしい時なのです。

祭典の火

六月の終わり頃は、戸外での儀式にふさわしい時期です。ミドサマーの火と水を使った運勢占いはふつう、広間の中でするよりも夕空の下でしますが、雨が降って、屋根の下でするような場合には、屋内での祭典も同じように活気に満ちたものになります。

すべてミドサマーの催しものは〝お祭り火〟のまわりを廻るのですが、戸外ではふつう丸太を燃やしてボンファイヤーにします。その燃料には、もとは動物の骨を使っていました。事実、祝祭のボンファイヤー（bonfire）という名称は、もともとは〝骨火〟

のbone fireからきているのです。時にはベルテーン・ファイヤーとも呼ばれますが、その名は、何千年も前の異教神バル、またはベルを讃えるドルイド・ファイヤーに関連しています。もし戸外でのかがり火ができない時は、広間の床に円くろうそくを並べて代わりにします。頑丈なろうそく立てに立てられた二十四本のろうそくは、客人たちが周囲を行進したり踊ったりできるように充分なスペースをとって、円く並べられます。
お祭りをしている場所に入ってきた人や、腰かけようと式典の場から歩いてきた人は、常に時計廻りに火を廻らねばなりませんが、これは、東から昇り、西に沈む太陽の通り道を真似ているのです。

王冠と小枝

ミドサマー・イヴのお祝いをする客は、それぞれがかばの木で作った輪飾りを頭にのせます。または小さな葉のついた枝でできた輪飾りか、新緑の葉のついた若枝を一本、衣裳の胸のあたり、左側にピンでとめたりします。

最初の式

儀典官からの指示で、ファンファーレが式典の開始を合図します。
客人たちは、火のまわりに大きな円を描いて集まります。彼らは手をつなぎ、ミドサ

マーの謎歌を七回歌いながら、ゆっくりとリズミカルに時計廻りに動きます。

緑色は金色だ。
火は濡れている。
未来は告げられ、
ドラゴンに出会う。

このように、お祭りを始めたり終わらせたりする時には、円くなって行進をしますが、これがきまりなのです。

七回目を廻り終えると〝先頭《ヘッド》〟に選ばれた人は〝列の最後の人《テイル》〟の手をはなして、曲がりくねった行列を導いて火から遠ざかります。それから、客たちは皆、腰をおろします。

聖ジョンのハムニイ

儀典官は、しかるべき中世のすばらしい饗宴のしきたりにのっとって、歓迎の乾杯やその他の宴会を手順通りに行ないます。

最後の料理が出される前に、ファンファーレが〝聖ジョンのハムニイ〟を告げます。客人たちが数えゲームをするのですが、それは〝幾つ？〟で始まる質問に対する答えを

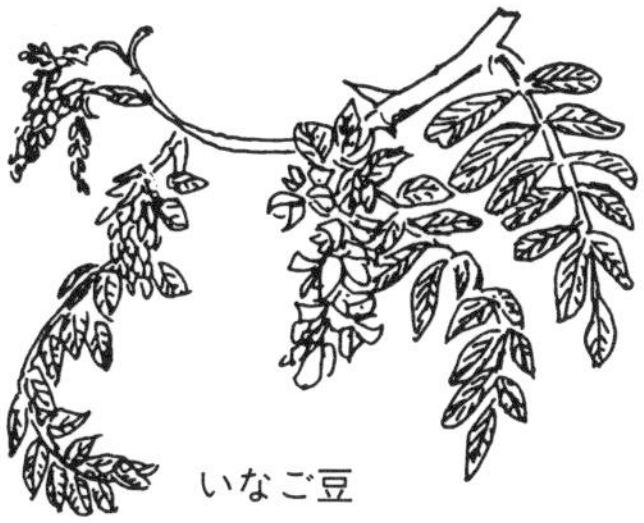

いなご豆

言い当てる、というものです。「――までに何年?」「――は何ヵ月?」「――は何人?」「――は何時間?」「――は何枚の羽?」「――は幾つの輪?」客たちは皆、質問について考えてから〝聖ジョンのパン〟をかじったり食べたりし、用心深くその豆を取り出すと、その数を数えて答えを出します。聖ジョンのパンの豆の数が、幾つかを明かしてくれます。ハムニイ《hummey》は、〝ハウ《how》・メニ《many》〟がなまったものをいうわけです。

聖ジョンのパンは、いなご豆からとれる優美で細長い、茶色をしたすばらしくおいしい莢です。カロブとも呼ばれ、ココアかチョコレートによく似かよった味がします。その平たい豆は、形や大きさや目方が完全に粒ぞろいなので、カロブ・シードは貴重な金属や宝石を量るのに使われてきました。二十四カラットの金の目方や、四カラットのダイアモンドの大きさは、もとはと言えば、聖ジョンのパン、つまりカロブ・シードによって決められたものなのです。このカラットという呼び名は、カロブに由来しています。

〝聖ジョンのパン〟という名称そのものは、食べるものとてない砂漠でたった一人、聖ジョンがいなご豆の莢を彼の生命の糧として食べ、健康を維持したという伝説からきています。

カッコー足のエール

ミドサマーの饗宴のために、たとえどんなすばらしいごちそうが選ばれようとも、少

なくとも一品は〃カッコー足のエール〃がついてこなくてはなりません。このジンジャーやアニスやバジルで香りづけされた炭酸飲料は、カッコー鳥を讃えるためのものです。カッコーの歌は、春や夏の季節のやってきた確かな証拠なのです。楽人たちが、カッコーの鳴声を縦笛のリコーダーやトランペットで真似ますと、客人たちは彼らの杯をあげ、カッコーや、自然の復活と再生の季節の到来に乾杯します。

カッコーの歌

〃カッコー足のエール〃は、〃夏は来ぬ〃と呼ばれる〃カッコーの歌〃の生き生きとした響きにはうってつけの飲み物です。楽人や客人たちは広く親しまれているこの歌を輪唱しますが、これは最も古いイギリスの歌の中の一つです。歌いながら人びとは、夏の季節を五感で感じて楽しむのです。

夏は来ぬ。
高らかに歌えよ、カッコー！
種は成長し、
牧野は息吹き、
森は芽をふく。
歌えよ、カッコー！

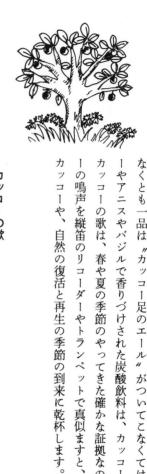

雌羊は子羊の後ろでめえと啼き、
雌牛は子牛の後ろでもうと啼く。
雄牛は跳ね、
雄鹿はとび廻る。
楽しげに歌え、カッコー！
カッコー！　カッコー！
上手に歌え、カッコー！
歌を決してやめないでおくれ。

卵占いとデスティニイ・ケーキ

ミドサマーの饗宴になくてはならない二つのものは、卵占いとデスティニイ・ケーキです。二つとも、食べものの形や様子で未来を示すと考えられています。どの客人も、割ってない生卵と小さなガラスのコップかボウルを渡されます。客人たちは注意深く卵を割ると、それをコップに注ぎ入れ、その形を読みとるのです。家のように見えるだろうか？　とすれば、その家族は間もなく引越すかもしれません。帽子に見えるだろうか？　とすれば、学生は間もなく卒業するかもしれません。旅を連想させるトランクに？　木？　それとも、シャベルでしょうか？　このように、近い将来の何かが発見されたり、言い当てられたりすると考えられているのです。

そうするうちに、従者が大きなボウルを持ってやってきて、占い卵を皆一緒にボウルの中へ注ぎ込むようにと言います。その後では、他の料理が出される一方、コック長が〝アーモンドの卵料理〟つまり実にみごとなアーモンドやレーズン、蜂蜜や香辛料を使ったオムレツを調理します。

これは後でもう一つのミドサマーの占い用の食べ物であるデスティニイ・ケーキと共に出されます。かねて準備されていたそのケーキは、大皿にのせ、飾り布ですっぽりおおわれて供されます。客人たちは下から手を入れて、面白い形をしたケーキを取りますが、それは占い卵のように未来を予告するのです。ひょっとしてそのデスティニイ・ケーキは、アルファベットの文字や、動物、建物、荷車などに似ているかもしれません。ベーカーによってどんな形に作られたのであれ、見る人の想像力しだいで、どうにでも解釈されるのです。卵やケーキを読みとることで、客人たちには未来のことが詳しくわかるのです。

ミドサマーのばら

ミドサマーのばらは、真実の愛か否かを見分けるのに役立ちます。

客人たちは、テーブルの上の花瓶から一本のばらを取り、花びらを一枚はがし、「彼（あるいは彼女）は私を愛している」と言います。時計廻りに進むのですが、次にひきぬく花びらは、「彼（あるいは彼女）は私を愛していない」ということになります。

こうして、ミドサマーのばらの花びらは、一枚また一枚はぎとられていきますが、それぞれの花びらが愛情のあるなしを表わし、最後の花びらが、めでたい結果なのか、そうではないのかを示すことになります。

聖ジョンのおとぎり草

聖ジョンのおとぎり草と麻の実

愛情が長続きするかどうかをみるために、それぞれの客人は、一本の香りの良い〝聖ジョンのおとぎり草〟と呼ばれる植物の葉の繁った一本を渡されます。

ちょうど、のこぎり草を使ってする聖ヴァレンタインの占いのように、もし饗宴の終わるまでにその葉がしおれなければ、その愛は永続するのです。前の晩に持ち帰った聖ジョンのおとぎり草が朝になっても生き生きとしたままであるなら、愛は強くて長続きするでしょうし、しおれたり、枯れそうになったり、あるいは枯れてしまったならば、短かくもの悲しいロマンスを予言しているのです。

ミドサマーでよく行なわれるもう一つのヴァレンタインのゲームは、麻の実投げです。

濡れた火

これらのミドサマーの予言ゲームでは、誰も自分たちの願いを声に出して言ったりはしません。それぞれの客人は、ただ、聖ジョンのハムニイや、占い卵や、デスティニィ

・ケーキや、ミドサマーのばらや、聖ジョンのおとぎり草や、麻の実のお告げを読みとるだけです。ところが、〝濡れた火〟の儀式になると、ミドサマーのゲームをする人は、ただ単に言い当てるだけでなく、その未来に挑戦する機会を得るのです。

戸外の池や水たまりのそばか、または屋内であれば、広間におかれたなみなみと水を入れた大きな桶の傍らで、客人たちは各々ろうそくに火をともします。それは堅い紙の〝舟〟にしっかりと固定され、水の上に浮かべられます。その火を水に浮かべる前に声には出さずに願いごとをしたり、短かなことづけを小さな紙きれに書いて舟の中に入れておいたり、あるいは願いごとを舟そのものの内側に記しておいたりします。こうして、ろうそくと願いごととは、一緒に水を渡っていくことになります。水に浮かべた火が、水の反対側にうまく着けば、その願いごとはかなえられる見込みがあることになるのです。風で火が消えてしまったり、願いごとをした舟が沈んでしまったりするのは、悲しいことのある前兆です。

海辺の町では、時おり、ミドサマーには水の上にたいまつやかがり火を浮かべて流したりしますが、それは町の人すべてにとって、来たるべき年がまぎれもなく幸せなものであるようにと願ってのことなのです。

〝古い〟異教徒の習慣を〝新しい〟中世に生かす

年寄りであろうと若かろうと、人びとは楽しげに、しかも本気で、ミドサマー・ゲームに加わります。

誰が最初に独特な儀式を教えたのか、などということを覚えている人はほとんどありません。それらがなぜ作られたのかとか、どういう意味があるのかなどということになると、なおのことほとんどの人は知りません。多くの祝日の祭典がそうであるように、それらは単に美しい〝伝統〟なのです。それらの儀式は、参加する人びとを楽しませてきました。年々歳々、それらは老人から子供たちへ、そして何世紀にもわたって受け継がれてきているのです。

古代の異教徒が太陽神を拝める際に用いた火を使うしきたりが、洗礼者である聖ジョンに対しても同じように受けつがれているのは驚くべきことですが、しかし、それが〝新しい〟信仰の賢い着眼点でもあるのです。つまり、古いものの中からよいところを取り出し、新しいものに役立てるようにするのです。法王グレゴリーと聖オーガスティンは、その昔、人びとが信仰し享受したものは、キリスト教においても役に立つものになるという点では同じ意見でした。

聖ジョンのしだ

ふつうだったら魔術だの不可思議なことだのを、馬鹿げているとしてうけつけないような科学的な人でさえ、時として〝不合理な〟伝統的なものの考え方を受け入れることがあります。中世の医師や聖職者たちは、〝聖ジョンのしだ〟を探すよう、しばしば人

びとに奨励しました。気分転換を図るには、薬物治療よりも秀れていますし、どうにもならない心の重荷を取り除くのには、祈りよりずっと効果があります。聖ジョンのしだは、急に姿を見えなくさせてしまうので、不快なことからすっかりのがれるようにさせるのです！　この繊細な植物の胞子を発見した人や持っている人は、意のままに、簡単に姿を消したり、望み通りに再び姿を現わしたりできる——少なくとも伝説によるとそういうことで、それが探し求める気持ちを起こさせるのです。理性的な人たちはありえないことなどに期待しないかもしれませんが、一方ではそんなことをひそかに願ってはいるのでしょう。聖ジョンのしだは、そのような望みを生き生きと表現しています。

ミドサマーのマミング

多くの貴族たちは、使用人や職人を雇っていますが、それはそういう人たちが儀式のことなどに通じているからです。富豪のサー・ジョン・パストンは、手紙の中で彼の馬丁は動物は上手に扱えないようだが、ロビン・フッドと聖ジョージ役になると名手だとこぼしています。

町や別荘や城で行なわれるミドサマーの饗宴でのおもてなしには、サー・ジョン・パストンの馬丁のように、衣裳をつけた演じ手たちが伝統的なマミングを上演します。はらはらしたり、びっくりするような結末が用意されているわけではありませんが、登場人物は面白く、よく知られています。マミングが人びとを楽しませるのは、それらが伝統的な行事であり、年月を経たユーモアであり、簡単明瞭な演劇だからです。一月のトゥエルフス・ナイトのマミングのように、ミドサマーのマミングの人気のあるヒーローは、イングランドの守護聖人である聖ジョージです。

聖ジョージの劇

聖ジョンの誕生日であるミドサマー・デイでは、聖ジョージ劇の冒険は、ふつう以下の配役でします。

1、寛大な王
2、美しい王女
3、赤いドラゴン
4、気高い聖ジョージ
5、年老いた医師

「一匹の獰猛なドラゴンが、ある王国を恐怖におとしいれておりました。その野獣を喜ばせ、その国を滅亡から救う唯一の方法は、丸々と太った牛を与えることでした。けれども、いよいよ動物がいなくなってしまうと、ドラゴンは少年や少女をいけにえにしても良いというのです。ついに国王は、自分の子供を差し出さねばならなくなり

聖ジョージが剣をかかげ、ドラゴンに最後の一撃を加えようとしているところ。(A title page by printer Peter Treveris, London, 1527. Dover Publications, Alphabets and Ornaments.)

ました。国王は王女である娘を自分の命よりも大事に思っていましたので、嘆き悲しみました。〕

王―「ああ悲しいことじゃ。わしのかわいい娘よ。わしは生きのびてそなたが虐殺されるのを見なければならぬのか」

〔彼女は勇敢にも、国王の祝福を受けると、花嫁衣裳を身につけて、いさぎよくドラゴンのいけにえになろうと沼へ向かっていきます。たまたま通りかかった聖ジョージは美しい王女を見て、彼女の話を聞くと、彼女を救おうと力強く申し出ます。しかし、たちまちのうちに彼を恋してしまった王女は、彼にこの場を立ち去るように説き伏せようとします。彼もまた殺されてしまうだろうと、彼女は恐れているのです。〕

王女―「ご親切なお若い方、お優しい方、貴方様の御馬に拍車をお当てなさいまし。そして別の道を急いでお行きなされませ。卑劣で恐ろしく、そして悪賢いドラゴンが、そのあごで私を噛み砕いて殺そうとしております。お願いでございますから、急いでお行きなされませ！」

聖ジョージ―「死ぬなどという無駄なことをなさってはなりませぬ。私は恐怖から貴女をお救い申すまでは、ここから一歩たりとも退きは致しませぬ。私の馬、私の十字架、私の剣、そしてこの私が、あの魔物を必ずや殺してやりましょう」

〔突如として巨大なドラゴンが吠えます。そして王女や王や聖ジョージに襲いかかってきます。ドラゴンはまた、王の家来たち、つまり観客をも脅します。このドラゴンは手のこんだ衣裳をつけた役者が演じたり、あるいは棒や紐の上につけた大きな爪が

客たちの頭上に飛ばされ、その間役者は舞台の陰でせりふを大声で言ったりし、また、時には、アクロバット演技者が脅しのせりふをしゃべっている間、大きなドラゴンの形をした砂糖やマジパン、装飾菓子などが舞台の上に置いてあります。〕

ドラゴン―「俺様には逆立つことも、しゃんと立つことも朝飯前！　肉だ、肉だ、肉だ！　俺様の食うやつだ！　俺様が、ドラゴン。これが、あごだ！　俺様が、ドラゴン。これが、爪だ！　肉だ、肉だ、肉だ、俺様の食うやつ。逆立ちも、しゃんと立つのも朝飯前！」

〔宙返りしたり突進したりしながら、ドラゴンは聖ジョージを除くすべての人を恐怖におとしいれます。聖ジョージが剣と十字架で大胆にドラゴンにとびかかりますと、ドラゴンは彼の足元におとなしく身を伏せます。聖ジョージは王女に、魔物をおとなしくさせるよう指示します。〕

聖ジョージ―「さあ、貴女のベルトを奴の首に巻きつけて下さい。犬のように柔順になって、奴はまったく危害を与えないでしょうから」

〔彼らが誇らしげに歩いておりますと、ベルトがふとドラゴンの頭から滑り落ちました。するとドラゴンは再び攻撃に廻り、前にも増して残忍になります。聖ジョージは今度はドラゴンの体へ彼の剣を突き刺します。でもその前に、その獣は王女と王を殺し、聖ジョージをもひどく傷つけてしまいました。人が死に、あたり一帯が地獄絵と化したこの場面に、老医師が陽気そうに登場します。〕

老医師―「わしは医者。すべての病を治してしんぜよう。わしの薬を一服ぐっと飲み、わしの丸薬を飲みさえすれば、疥癬《かいせん》、差し込み、疱瘡、中風に痛風など、治すことができまする。体の中のすべての痛み、体の外の痛みもな」

〔彼は王と王女の脇に立ち、見下ろします。彼らの頭上に二粒の大きな丸薬を差し出して言います。〕

老医師―「起きなされませ、寛大な王様！　起きなされませ、御姫様！　貴方様方は虐殺に果てるには余りに惜しい方達じゃ」

〔医師が一たび彼らの口に丸薬を入れると、彼らは直ちに起き上がります。医師は、今度は聖ジョージの方へと行きます。〕

老医師―「起きなされ、聖ジョージ。古えのイングランドの騎士殿。そなたはドラ

聖ジョージとドラゴンが、15世紀のフランスの印刷業者による精巧なアルファベットのＬを飾っている。(C. Grafton, *Historic Alphabets and Initials*, Dover Publications, 1977)

ゴンに傷を負わせて下された。わしがその戦いを終わらせてしんぜよう」

〔魔法の丸薬を飲むと、聖ジョージも雄々しく跳ね起きます。そして次に、医師が大きな丸薬をドラゴンの喉に押し込みますと、ドラゴンは大声で吼えたり、暴れ廻ったりします。ドラゴンは断末魔となってのたうち廻り、どさっと崩れ折れて死んでしまいます。〕

劇の大詰め

役者たちは皆お辞儀をして彼らの演技に対する謝礼としてコインを集めます。もしこのミドサマーのドラゴンが装飾菓子でできているならば、儀典官は客人たちにそれを供すように指示します。もしそれが演技者によって演じられたり、凧だったりした場合には、客たち全員にドラゴンを象どったケーキか、〝聖ジョンのドラゴンの翼〟と呼ばれる甘くてカロブの香りのする三角形をしたクッキーが供されます。

別れの式と針に糸を通すこと

客人たちは一列になって行進し、ミドサマーの祭りを閉じるのですが、客人たちは皆ろうそくを持ったり、飾りのついた花輪や小さな緑の枝を手に持ちます。たき火のまわりを廻ったり、広間を廻ったりして、別れの式をするのです。円を描いて時計廻りに動きながら、彼らは次の年にも同じことができる機会が必ずありますようにと、例のミドサマーの謎歌を七回口ずさみます。

〝先頭の人〟がもう一度〝一番列の後ろの人〟の手を離しておろし、〝針の糸通し〟と呼ばれる一列になって進む踊りの先頭に立ちます。二人（あるいは幾組か）の人がその列から離れるように命ぜられると、お祭りの場所の出口近くでお互いに向かい合って手を上げてつなぎ、先のとがったアーチ型、針のめどを作ります。その下をくぐり抜ける長い曲がりくねった列が、糸というわけです。年一回の伝統を生活という布地に縫いこめる針に糸を通し終わると、客人たちは帰っていきます。ミドサマーは、

緑色は金色だ。
火は濡れている。
未来は告げられ、
ドラゴンに出会う。

——以上のことをみごとに明らかにしてくれるのです。

第七章の解説

六月のお祭であるミドサマー（midsummer）の夏至は、もとは六月二十一日頃、それから聖ヨハネの誕生日の六月二十四日に祝われることになりました。聖ヨハネ（St. John the Baptist）は、ユダの荒野で預言し、悔い改めのしるしとしてその洗礼を授けました。

聖ジョンのおとぎり草（St. John's Wort）はシャロンのばら（rose of Sharon）とよばれ、夏至の頃に黄色に黒い点のついた花を咲かせますが、邪気を払う力があると信じられていました。このため夏至の日には戸口にかけ、後で焼いたり、また、ミドサマー・イヴに花を摘むと、一年以内に結婚できるとも信じられていました。

夏至の祭もまた、緑と太陽、盛夏と太陽、豊饒祈願の祭典です。

ドリュイド、またはドルイド（druid）は、フランス、イギリスの島々に住んでいた古代ケルト人の宗教における聖職者でした。前二世紀頃が最盛期だったらしく、シーザーの『ガリア戦記』によって知られることになりましたが、いけにえにするために殺した人間の内臓で未来を占うなどいわれているものの、正確なところはわかっていません。ガリアというのは、フランスの古い名称です。ベル（Bel）の神を讃えるベルテーン・ファイヤー（Beltane fire）は、二本の樫の棒をこすっておこされたもので、やはり家畜の繁殖、作物の豊饒などを祈ったものだそうです。また、太陽は太古から信仰の対象でしたし、火を焚くことによって太陽を模し、悪運を焼き、ろうそくをともすことによって未来への希望を表現したとも言われています。

「カッコーの歌」は、私たちもよく知っている歌ですが、その最も古い形ではないかと思われる抒情詩が残っています。一二四〇年頃とも一三〇〇年頃のものともいわれますが、作者は不

詳。曲もつけられていて、六つの声部に分かれ、カノン形式で歌われたものだそうです。
その古い英語のまま引用しておきます。

Cuckoo Song　1226

Sumer is icumen in,
　Lhude sing cuccu!
Groweth sed, and bloweth med,
　And springeth the wude nu —
　Sing cuccu!

Awe bleteth after lomb,
　Lhouth after calve cu;
Bulluc sterteth, bucke verteth,
　Murie sing cuccu!

Cuccu, cuccu, well singes thu, cuccu;
　Ne swike thu naver nu;
Sing cuccu, nu, sing cuccu,
　Sing cuccu, sing cuccu, nu!

人名が幾つか出てきますが、聖ジョージとそれにまつわるドラゴンは、次の章にゆずりましょう。

グレゴリー法王（Pope Gregory, c.540—604）は、五九〇年から六〇四年までローマ法皇の地位にあった秀れた人物で、聖オーガスティンをイギリス伝道に送ったのも、法王制度を確立したのも彼でした。また本文にもあるように、異教的文化遺産を否定せず、それをキリスト教に取り入れようとしたところからも、今日の年中行事にも古代からの人間の営みが生き続けることになったのでした。

聖オーガスティン（St. Augustine, ?—604）は、ローマの修道院長でしたが、イギリスへ渡り、六〇一年にはカンタベリーの初代の大司教になり、カンタベリーにクライスト・チャーチ修道院を建てました。

サー・ジョン・パストン（Sir John Paston）の手紙というのは、イギリスのノーフォークのパストン家に保存されているジョン・パストン卿が一四四二年から一五〇九年の間に書いた書簡集のことですが、当時を知るのに貴重な資料とされています。

ばらの花弁占いは、"He (or she) loves me." と一枚を取り、次に、"He (or she) loves me not." と、次々に取っていって、最後に残ったものが "loves" の番に当るなら〝愛している〟、そうでなければ〝愛していない〟と答えを出すのですが、この形式の占いは、他の花にも用いられます。

ミドサマー・イヴは、シェークスピアの喜劇『夏の夜の夢』（Midsummer Night's Dream）に扱われています。

第８章

７月：聖スウィズンの日

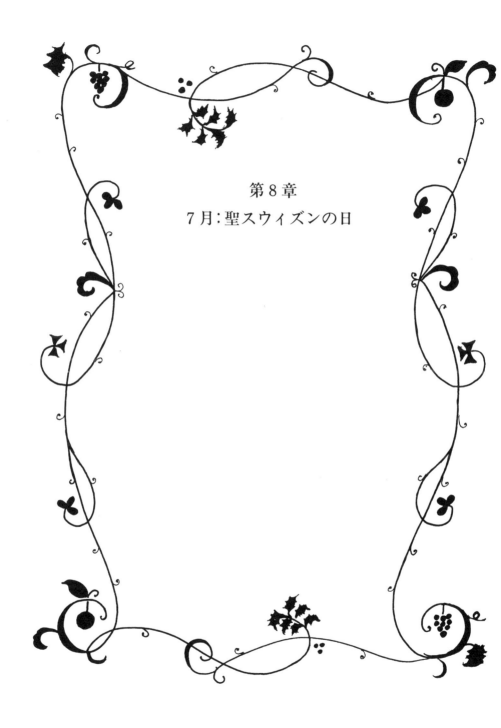

七月の祭典は、他の月からの、特に五月と六月からの習慣をとり入れています。新しい季節の到来を歓迎するよりも、七月は夏の豊富な果実や野菜、戸外での楽しい行事——そして雨もお祝いするのです。ことにイギリスでは、聖スウィズンの日が魅力的な天候に関する祭りの日となっています。聖スウィズンの日に雨が降ると、以後四十日の間雨が降るという予告であるといわれていますし、雨が降らないと、次の四十日の間雨が降らないということになるのです。聖スウィズンの日の雨に出会ったりんごは、最もおいしくなります。

七月の食べ物や儀式、ゲームなどは、その季節の気候と結びつけられています。

聖スウィズンの伝説

伝説によりますと、九世紀に生きた敬虔なウインチェスターのスウィズン老司教は、彼が死んだときには、自分を教会内の質素な墓に葬るようにと頼んだということです。けれども、百年たってから、人びとは美しい墓を建てることによって、彼の思い出を栄誉あるものにしたいと思ったのでした。

そこで彼らは、老司教の遺体を精巧に作られた新しい安息の場へと移しましたところ、絶え間なく雨が降り続いたのです。その雨は聖スウィズンの不快の涙であると、人びとは考えました。再び老司教の遺体をウインチェスター寺院の中のしかるべき所に移しますと、雨は止みました。その聖者の魂の悲しみが喜びへと変わると、空は晴れやかに輝いたのです。

以来、聖スウィズンの日に降る雨は、来たるべき天気の予告であると考えられています。

田舎の人びとは、こんな詩を口ずさみます。

聖スウィズンの日がもし雨ならば、
四十日間続くでしょう!
聖スウィズンの日がもし晴れならば、
四十日間、ちっとも雨は降らないでしょう。

とはいうものの、中世の科学者たちも、気象変化の観測にはアストロラーベなどの天文観測儀を使ってはいました。聖スウィズンの日に、彼らが太陽と星の測定を行なって気象暦を作りますと、人びとはそれを一年を通して使いました。この暦を見ながら、種播きや穀物のとり入れであるとか、旅行に適する時期などを決めたのです。

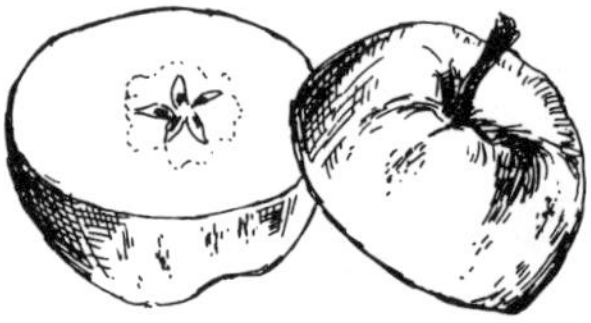

食べたり、くわえたりするりんご

大きなりんごを磨いて水平に半分に切りますと、その種は〝五角形〟と呼ばれる、星型に並んだ状態に見えます。その五辺からなるとぎれのない模様は、季節がとぎれなく巡ってくることのあらわれであり、季節がどこで始まり、どこで終わるということがないのです。

客人たちはそこに出されただけのりんごを食べたい放題食べますが、食べる前にその半分は五人毎に一緒に使う塩水の入ったボウルに入れなくてはなりません。その塩水は、聖スウィズンの涙を記念するものなのです。残りの半分の方は、黄金色の泡立てたクリームにつけられます。これはサフランかたんぽぽで味をつけ、色づけされています。

客人たちは、五人で一つのボウルを使います。黄金色は、りんごの五角形と同じく、永遠を表わします。決して変色も変質することもなく、黄金色は完全であり、永遠なのです。このような象徴的な食べ物を食べるということは、長寿を願うことになります。

〝アップル・ボビング〟は、往々にしてひどく面白いものです。なみなみと水の入った大きなたらいの上にりんごが浮かべられており、客人たちは、たらいのまわりにひざまずくと、手を背中でつなぎます。

どの客も、りんごを口でくわえて取らなくてはなりません。りんごの方へ体を倒し、自分の歯でくわえるのです。歯は指ほどにしなやかではありませんから、自信家の〝取

り手〟たちは予想に反して水びたしになってしまい、びっくりするというわけです。どの客も、りんごを一つ手に入れるまでは続けます。

七月の他の祭典

七月の夏のゲームや儀式は、冬や春のものと似ていて、輪になってするゲームや競争は、しばしば五月柱のそばで催されますが、それは、過ぎたばかりの春の祭りを、人びとに思い出させるのです。そして、プラムや干しぶどう入りのパンのごちそうを食べると、人びとは来たるべき八月の真夏の祭典など、〝ラマスの日〟を楽しみにして待つことになります。

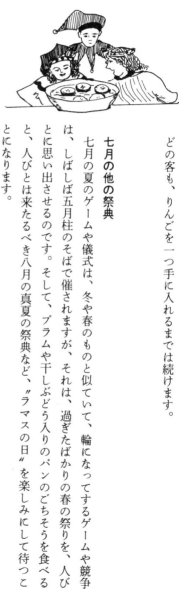

第八章の解説

聖スウィズン（St. Swithin, c.800—863）は、イギリスの聖職者でウインチェスターの司教となった人物です。最初は遺言によって遺体は会堂の北壁の外に埋められていたのですが、九七一年に会堂内に移されてからはいろいろの事が起こったと伝えられています。「聖スウィズンの日」は、七月十五日です。

アップル・ボビング（apple bobbing）は、紐で空中からつるしたりんごに噛みつくやり方と、本文のように水に浮かす場合がありますが、水に浮したボビングは、今日のアメリカではハロウィーンの行事となっています。

りんごといえば、すでにたくさんの種類の果物や木の実が登場しました。プラム、まるめろ、洋梨、ブルーベリー、クラブ・アップル、栗、いちぢく、ざくろ、さくらんぼ、西洋すもも、いなご豆、干ぶどうのカラント、アーモンド、松の実、麻の実などです。

これらの果実の中でも、殊に重要な地位を与えられているのがりんごであることに、すでにお気付きになったでしょう。

古来、人間とりんごの結びつきの深さには驚くべきものがあります。ギリシヤ神話における神々の女王であるヘラは、りんごを死の国のドラゴンに守らせていましたし、アダムとイヴは、りんごゆえに「エデンの園」を追われました。トロイの戦争の原因も、王子パリスの与えたりんごでした。その他、あちこちの土地や物語の中で、りんごは不死、回春、罪、知恵、秋、死、恋人など、様々なものの象徴として扱われてきました。実用的な果実としてのりんごの重要性は本文で充分に描写されています。

りんごに限らず、中世の人たちの生活がいかに木々と結びついていたかということからも、木々の茂る森に対しての彼らの特別な感情を想像するのは難しいことではありません。その感情の中には、恐れも潜んでいたでしょうし、彼らが森を種々の精霊の棲み家や〝他界〟とみなしたのも、理解できるのではないでしょうか。

そこに棲息しているとされるドラゴン（dragon）もまた、人間と深く結びついてきました。本文でも、一章から「デレクタ国」と「ラボラ国」を襲うドラゴンが登場します。

ドラゴンは、もちろん、実在する動物ではありません。有史以前の恐龍に似た動物への遠い記憶からか、大蛇を見た驚きの誇張か、純粋の想像からか、ドラゴンは古代から描写されてきました。

その姿はいろいろに描かれていますが、翼があって空を飛ぶ南方型と、地を這う大蛇に似た北方型の二種類があるという説もあります。前者は八世紀以前、アッシリア、バビロンから伝えられたものだそうです。また、前者は上流階級の想像から、後者は一般民衆の信仰の対象という説もあります。ワニ、とかげ、こうもりの羽根、七つの頭など、姿もさまざまなら、棲息地も、山の洞穴、湖、川、海、波の中、地下、雲の中などといろいろです。

ミドサマーなどの祭でドラゴンの引き廻しが行なわれるのは、冬に地下に住んで不作をもたらす力の象徴としてのドラゴンの征服なのだそうです。象徴といえば、この他にも、暗黒、疫病、反逆者、悪、罪、星の運行、死、循環、錬金術、雨を貯えるもの、玉座を守るもの、宝の守護者、英知など、いろいろのものの象徴として使われています。

また、ドラゴンを退治する英雄伝説のほうも、ギリシヤ神話ではアポロン、ペルセウス、ゲルマン神話ではジークフリート、キリスト教では大天使ミカエル、そして本文に度々出てくる聖ジョージと、その他にも数多くみられます。

聖ジョージ（St. George）は二七〇年頃から三〇三年頃に生存したローマの軍人で、迫害にあって殉教者となり、後に聖人に叙せられました。イギリスの守護聖人、ドラゴン退治の英雄、また赤色十字旗でも有名です。

第9章

8月：ラマスの日

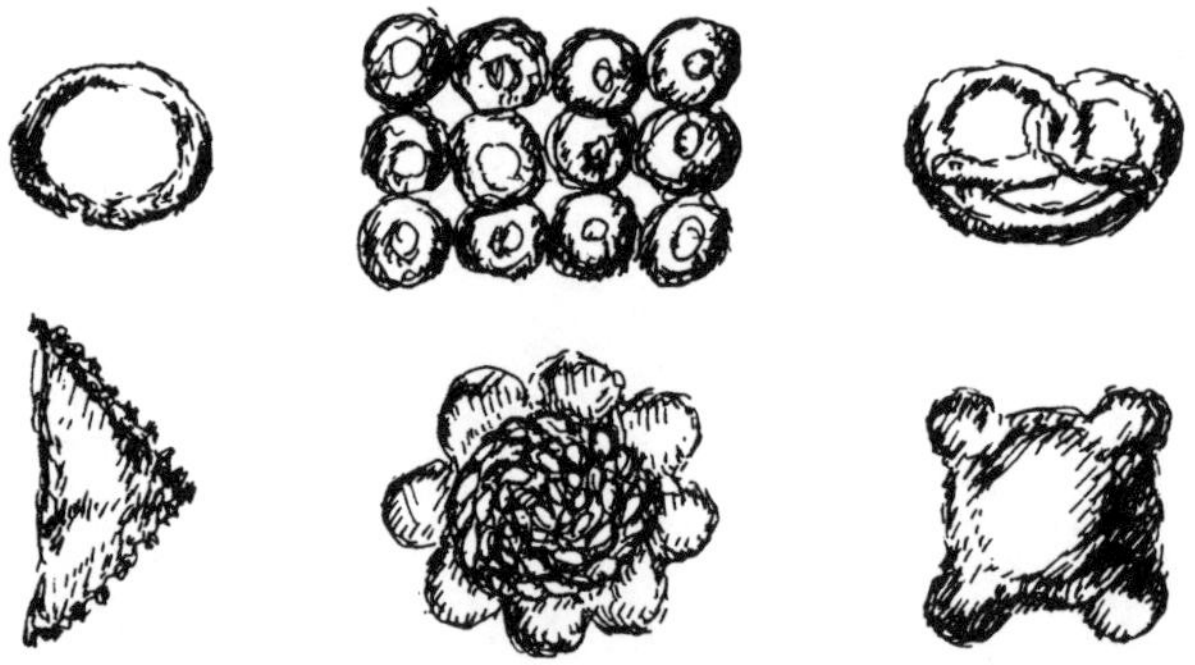

八月は、パンの時期です。

丸型、四角形、楕円形、長方形、不等辺四角形のや八の字型のパンを焼くパン屋たちは、まるで幾何学の先生になったかのようです。虹の色が、赤いばらの花びらパンや、黄金色がかったオレンジ色のサフランパン、黄色いレモンパン、緑色のパセリパン、青いあざみパン、藍色のプラムパン、そして紫色のすみれパンに、おいしそうな香りと共に混ぜ込まれます。面白げな動物パンは、猿やら、象やら、ドラゴンの形をしています。建築物を象どった城やら、何層かの甲板をもった軍艦などのパンもあります。特別なものを象どったパンには、エデンの園のイヴだとかローマの貴族だとか外国の王様などがあります。天体のパンには、星や太陽や月や軌道上にある星をあらわす機械時計などがあります。そしてほとんどのパン屋さんや行商人がプレッツェルを売りますが、塩味のや、干ぶどうが入っていたり、または蜂蜜の衣をかけた甘味のだったりします。

パンは、ラマスの日を讃えるのです。ラマスとは〝一塊のパンのミサ〟――〝loaf mass〟を意味します。ラマスの日の注目すべきものとしては、穀物やパンを祝福したり、すばらしい収穫に対する神への感謝を捧げる教会の祝賀の儀式があります。

ラマスの日のおもてなしはというと、典型的な饗宴のごちそうです。マフィン、ロールパンやパイ、そしてパンは、繁栄の季節である夏が、今や絶頂に達したことを告げてくれるものです。春の約束は叶えられました。八月は〝真夏〟とか〝ホーソム〟とか呼ばれますが、この後間もなくして、農耕の季節は終わりへと移っていきます。

ラマスの土地

田舎や町では、穀物や作物を育てる畑は、ふつう動物を入れないように柵がしてあります。そうしておかなければ動物たちは作物を踏みにじったり、食べてしまうかもしれません。けれどもラマスの日には、一定の畑の門は開放されて、羊や他の動物たちがこれらのラマスの土地で草をはむことを許されるのです。この出入り自由の牧場を讃えて、ラマスの饗宴は、町の別邸や田舎の別荘や貴族の城で催されます。

ラマスの饗宴

饗宴の飾りつけにも、またメニューにも、パンは重要です。

巨大なパンと装飾菓子が広間じゅうを行進し、それから飾られて、食事の間じゅう人目を惹きます。たとえばパンでできた城は部屋の中央の台の上にのせられますが、それの色あいや小塔のでき具合などは、饗宴の終わりにそれが食べられる時まで賞でられることになるのです。

料理はパンの上にのせられて出されたりもしますが、料理そのものが、干しぶどう入

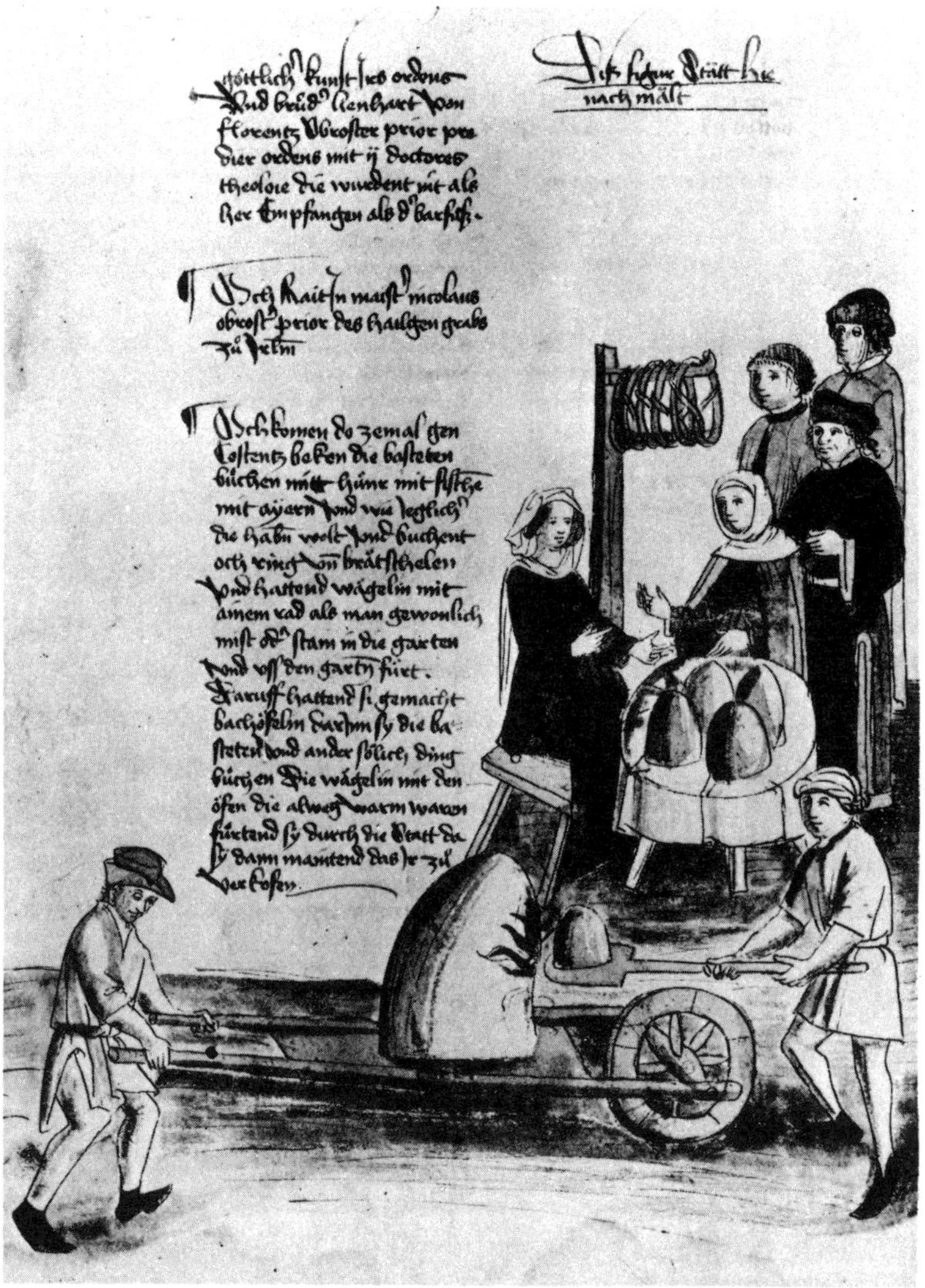

通りに面した一角にあるテーブルで、パン屋が円錘型のパンやプレッツェルを売っている。他の人は持ち運びのできるオーブンでパンを焼いている。(Ulrich von Richenthal, *Constanzer Conziliums,* German, 1450—70. New York Public Library)

りパン、ショートブレッドやジンジャーブレッド、きゅうりパン、プラムパンのようなさまざまな種類のパンだったりします。ラマスの飲み物で人気のあるのはラムズ・ウールですが、すてきな温い良い香りのするりんご酒で、果肉が泡立つほどに焼かれたりんごが浮かべられています。

ベーコンを家へ持ち帰ること

ラマスの祭りにはユーモラスなゲームがあって、参加者たちは〝真実の愛は即ち重労働である〟ということを思いおこします。

十四世紀においてさえ古めかしいと考えられていたこの習慣によると、結婚後一年と一日たって、いかなる点においても、またいかなる時にも、自分たちの結婚を後悔しなかったと本当に誓うことのできる夫婦には賞品が与えられるというものです。勝利者への報酬は豚半頭分で、豚肉やベーコンの好きな人にとっては、これは価値ある食料の贈りものです。しかし何よりも先に、その夫婦はそれにふさわしいことを証明しなければなりません。

ラマスのお祭りでは、ベーコンを家へもち帰りたい夫婦は模擬裁判を受けなければなりません。

客人の夫役の男性と妻役の女性が組になります。そしてその幾組かの夫婦が、十二名の客からなる陪審員の前に立ちます。裁判官にはふつう饗宴の儀典官がなり、裁判長を

務めます。彼は、それぞれの夫や妻に質問をします。「こんな場合、あなたならどうなさいますか？」という決まり文句で始まるとんでもないおかしな質問なのですが、「嫉妬をしたり、わびしい思いをしたり、不平を言ったりしませんでしたか？」などという家庭の危機をあらわすようなことで終わります。（これは十四世紀の有名な作品、『農夫ピアズ』からとられたものです。）

愛情については、まったくうまくいっているということで夫婦が競っているのですから、夫なり妻なりは、禍を転じて福となす奇想天外な答えを考え出さなくてはなりません。

「もしもですよ」と裁判官は尋ねます。「あなたの夫が犬を饗宴の間に追い立てて、それが猫をおどかしたもので、その猫はクリームの入ったボウルの中に跳び込んでしまい、名誉あるお客様にはねをかけてしまったとしたら、どうします？　嫉妬も、わびしい思いも抱かないし、不平も言いませんでしたか？」

すると妻は、直ちにすばらしい夫のしてくれたこの幸運なことに対して、喜びに満ちた賢い答えを作り出さねばならないのです！

幾組かの熱心な夫婦が裁判官の質問に答えて競い合い、次いで陪審員が最後に判決を出します。「ベーコンを家へもち帰る」のにふさわしいと決まった夫婦は、最もすぐれた想像力に富んだ嘘つきさんの組ということになります。

真夏のフィナーレ

ラマスの饗宴の最後の行事は、ホールを廻るろうそくの行列です。ろうそくをはめ込んだ小さなパンの塊を一人一人が持ちます。火がともされると、客人たちは列を作って広間を三回、円を描いて廻ります。

それから儀典官は、家路につく祝い客たちを出口へと導いていきます。客人たちはパンを持ち帰り、次の日に食べるわけですが、四分の一はとっておいて、次のラマスの日まで大事に保存されます。

一年たった日の朝、ラマスのその四分の一のパンはパン屑にされ、小鳥たちの餌になります。

そこから、新しいパンのお祭りが始まるのです。

第九章の解説

ラマスの日（Lammas Day）は収穫の祭、収穫に感謝する日です。イギリスでは忘れられた祝日でしたが、何十年か前から、八月一日、もしくはそれに近い日曜日に祝われるようになりました。

もともとはケルトの神ラグ（Lugh）に関係した祭日だったそうで、ここにも古い文化の遺産が残っていることになります。ラグはルーナサ（Lughnasa, Lugnasadh）とも呼ばれました。

その頃の時期は"Lamas-tide"《ラマス・タイド》、前夜は"Lamas-eve"《ラマス・イヴ》と呼ばれていました。シェークスピアの『ロメオとジュリエット』（*Romeo and Juliet*）の中では、ジュリエットの年を乳母が表現するのに、この単語が使われています。

「まだ十四歳ではありません。ラマスの時期までどれくらいでしょう？」（中略）
「ラマス・イヴの夜には、十四歳におなりでしょう」（第一幕第三場）

"She is not fourteen. How long is it now
To Lammas—tide?"……
"Come Lammas-eve at night shall she be fourteen."

この"Lammas"という言葉は〝パンのミサ〟〝パンの祭〟を意味する"loaf mass"からきたと本文にもありますが、古い英語では"hlaf-maesse"と呼ばれたそうです。意味は、やはりパンのミサですが、パンは古来から人の命を支えてきたものであり、神への供物でした。

パンとぶどう酒は、葬式の供物でもあり、キリストの血と肉の象徴でもありました。特別に

サフラン

尊重された食物がパンですので、いろいろの行事にも用いられ、飾りパンも作られました。

本文でのパンには種々の色がついていますが、今までにどのような染料が用いられたかを見てみますと、赤のパンは、ばらの花弁で色づけされていました。緑はパセリ、金色はサフランでつけられています。

サフラン（saffron）は、サフロン・クローカス（saffron crocus）の花の雌しべを乾燥させたもので、香りもよく、ローマでは浴場に使用されたといいます。スープにもよく用いられますが、日本でも手に入るようになりました。

黄色はレモンで、青はあざみ、藍色はプラム、紫色はすみれでと、何とも夢のある色づけがなされています。

パンの形にしても、丸、四角、楕円、長方形、不等辺四角形、八の字と、またマフィン、ロールパン、パイから、ショートブレッド、ジンジャーブレッド、干しぶどう入りパン、きゅうりパンからプラムパンまで、形も色も種類もそろっています。

ベーコンを手に入れるためのゲームの問答は、『農夫ピアズ』（*Piers the Plowman*）から取られたとなっていますが、これは十四世紀に書かれた長詩です。ウイリアム・ラングランド（William Langland）の作品と伝えられていますが、無名詩人によるものなどの説もあります。夢物語形式をとった寓喩詩で、いろいろな種類の人間像を描き、貴族や富める者、聖職者たちの腐敗を批判し、貧しい人びとへの同情を示すとともに、労働の大切さを強調する社会派的視線も感じられる作品です。

第10章

9月：ミカエル祭

聖ミカエル
(Pietro Perugino の絵より)

ドラゴンとの戦いに関して、聖ジョージについで有名なのは、聖ミカエルです。彼の冒険の数々は、聖書に記されています。

ミカエル祭は、彼に敬意を表した祝日です。フランスの壮厳なモン・サン・ミシェルのように、いくつもの教会や修道院が、彼にちなんで名づけられています。

イギリスでは、秋のシーズンをミクルマスと呼びます。家賃や地代を年に四回払う人びとは、秋の一回を〝ミクルマスの賃借料〟と呼んでいるのです。学校や大学は、秋の学期をミクルマスと名づけています。九月の月《ムーン》や、収穫期の月《ムーン》もまた「ミクルマスの月」(Michaelmas moon) なのです。

もっとも、ミカエル祭の一番の楽しみは、祝日そのものです。それは三つのG、つまり、手袋 (glove) と、鵞鳥 (goose) と、生姜のジンジャー (ginger) とで祝われます。

手袋、市、そしてパイ・パウダー・コート

九月になると、町の重要な建物の屋根の上のポールから、巨大な手袋がつるされます。それは、まるで巨人の手のようです。長さ十フィート (約三メートル)、綿や木くずが親指や他の指の中に詰め込まれた、皮でできているその手袋は、ミクルマスの市の始ま

町の広場で、毛皮の帽子をかぶった男が雄牛を買っている。後ろにいる人びとは、背負いかごに農産物を入れて運んだり、売り物にするための果実をもいだりしている。(The *Da Costa Hours,* Bruges, 1520. Piermont Morgan Library)

りを告げるものなのです。

何マイルものかなたから、そして外国からも、商人たちがやってきます。彼らは、美しい織物、ガラス製品、宝石やワインを持ちこんできます。地元の職人たちは、鞍や剣、暖炉の火ばさみを運んでくるのです。織り手たちはタピストリーを展示しますし、陶工たちは水差しや大皿を揃えます。農民たちは、たくさんのチーズや、新鮮な野菜類を荷車で運んできますし、馬の飼育者たちは、売物の仔馬を見せます。

この市は、お祭り騒ぎのそれです。売手は皆、屋台の店をかまえ、牧草地の境界のまわりに小ぎれいに配置されるか、大きな公会堂の中にならべられています。楽士や、軽業師たちが楽しませてくれます。キャンディ売りは、彼らの甘い商品を大声で宣伝しますし、お客たちは買物をしたり、楽しもうとやってきます。

ミカエル祭の市《いち》には、何千人もの人びとが鵜の目鷹の目で集ってくるので、市の掟を破る者を裁くために、特別の法廷が設置されます。

パイ・パウダー・コート(Pie Powder Court)が、その驚くべき呼び名なのです。つまり、〝ほこりまみれの足の法廷〟という意味なのです。(フランス語のピエ・プードゥルがなまったものなのでしょう。)というのも、市にたどりつくのに公道を長く旅してきた人びとは、ほこりにまみれた汚れたブーツをはいているからです。

手袋には、王、土地の貴族、または市長が、すべての売り手と買い手を喜んで迎える市を開くことに許可を与えるという意味があるのです。手袋は、約束をあらわす握手の代わりなのです。それによって、王は市を開く許可と、場所の確保と、開催することを知らせるための資金を用意することを保証します。そして商人と市をとりしきる人たちは、もうけの一部を、それ相当の慈善事業に寄付することになっていました。(まさにこの方法で、一二一一年にイギリスのジョン王は、スタープリッジの町に市を開く特許状を与え、癩病患者のための病院経営の援助をしました。)手袋はまた、物惜しみしないこと、寛大であることも意味します。

室内で催される小さな工芸市《いち》にさえ、ミカエル祭の手袋は使われます。小規模の市は、ミカエル祭の楽しみの一部です。鮮かに彩色され、イミテーションの宝石がつけられた珍しい手袋が、壁や天井高く吊り下げられます。

この手袋の下《もと》で客人たちは、ミカエル祭の三つのGの二番目にあたる〝鵞鳥〟を楽しむのです。

三つのG

鵞鳥行列

他の宴会にも供されるようなごちそうが出されることは出されますが、なんといってもミカエル祭を代表する伝統的料理は、鵞鳥のローストです。特別に熟練した料理人がいるような場合は、鵞鳥の羽はむしられ、詰めものをされてから料理され、その後で、まるで生きているかのように、再び羽で注意深くおおわれます。秋の果物と花々に飾られた大皿にのせられ、非常に厳かにテーブルに運ばれると、鵞鳥は独特のナイフさばきで切りわけられます。首は、最も名誉ある人のためにとっておかれます。

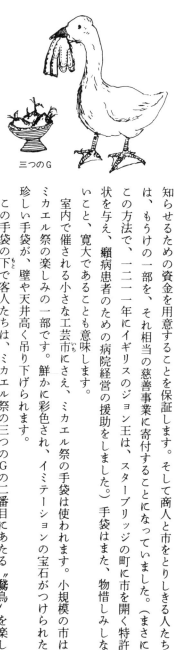

鵞鳥を手に入れることができない人や、その味を好まない人たちは、灰色の鵞鳥の羽をつけた鶏のローストで代用します。そうでなければ、ペイストリーやマジパンで鵞鳥の装飾菓子《サトウルティー》を作るのです。ミカエル祭の祝宴には、お祭りの行列のためにみごとな鳥がなくてはなりませんし、客人は皆、それを味わわなければなりません。というのも、ミカエル祭に鵞鳥を食べれば、その人は一年を通して、悪運と縁が切れるということが信じられているのです。

生姜（ジンジャー）

生姜は、他のすてきな祝宴のごちそうに添えられます。簡単な料理の間にいただくものとしては、ジンシャー・エール、ジンジャー・ビール、そしてジンジャー・ワインがありますし、ジンジャーブレッド、ジンジャー・スナップ、ジンジャー・ケーキもあります。魚も、生姜と一緒に焼きます。すてきな生姜のデザートは、大きなみずみずしい洋梨と、砂糖、シナモン、ナツメッグ、そして生姜から作る洋梨の砂糖煮《チャードワードン》です。生姜の根をけずってうずまき型にしたものと一緒に出されるジンジャー・カラメルは、宴をしめくくります。

なぜミカエル祭に生姜が重要なのか、本当に知っている人は誰もいないでしょう。

中世の医者たちは、生姜は胃と胸の病に良くきき、伝染病の予防にも役立つ、病をいやす薬用植物だと考えていたようです。聖ミカエルがちょうど守護者であり、治療者であるといわれていたように、同じような特質をもった生姜も、彼と共に思い出されてしかるべきなのでしょう。他の人びとは、新鮮な生姜はヨーロッパでは九月に一番おいしく、豊富だからだと信じています。

もう一つの説では、十二世紀の裕福な商人が関係していると思われます。彼はイギリスのミカエル祭の市で売ろうと、巨大な船一杯の生姜を東洋から運んできました。彼は町が新しく課した高い税金を理窟に合わないと思い、払うのを断りました。その代わりに彼は、木枠をこじあけて、欲しがる人すべてに生姜を分け与えてしまいました。そしてその間に、やとった手品師、トランペット吹き、歌手、あやつり人形師たちに芸をさせ、人びとを楽しませたのでした。皆が欲しがったその贈り物は、一年分をまかなえるほど沢山ありました。

それ以来ミカエル祭は、活気と活力、そして生姜に満ち、九月の宴はその後もずっと、生姜の味をたっぷりきかせたものになったのです。

生姜(ジンジャー)

第十章の解説

ミカエル祭（Michaelmas Day）は、今日のイギリスでは九月二十九日に祝われ、この頃になると、ミクルマス・デイジー（Michaelmas daisy）と呼ばれるえぞ菊に似たピンクや白、紫の花が咲きます。

ミカエル祭は、聖ミカエルと天使たちを祝う日でもあり、秋の収穫を感謝する日でもあり、賦課租を納める日でもありました。

聖ミカエルは、大天使ミカエル、天使長ミカエルとも呼ばれる、天使たちの指導者です。悪魔のサタンとは双子の兄弟ですが、後にドラゴンとして現われるサタンと戦います。このために、本文にもあるように、聖ジョージと並んで聖ミカエルも〝ドラゴン退治〟で後世に知られているのです。

「ヨハネの黙示録」は、その場面を次のように述べています。

「見よ、大きな、赤い龍がいた。それに七つの頭と十の角とがあり、その頭に七つの冠をかぶっていた……。さて、天では戦いが起こった。ミカエルとその御使たちとが、龍と戦ったのである。龍もその使たちも応戦したが、勝てなかった」（十二章三と七行）

このように、ミカエルはしばしばドラゴンと戦っている場面を描かれていますが、同時に天秤を持っていることもあります。これは最後の審判の日に魂の重さを量り、天国へ入れるかどうかを決めるためのものでした。

前に触れたミルトンの『失楽園』では、アダムとイヴを楽園から追うために神からつかわされたのは、この聖ミカエルであると描かれています。

モン・サン・ミッシェル

本文にもあるように、多くの寺院が彼の名にちなんで名付けられていますが、中でも有名なのはモン・サン・ミッシェル（Mont-Saint-Michel）です。Michael は、フランス語ではミッシェルとなります。イギリスから海をへだてたフランスのノルマンディ（La Normandie）の地方。海にとび出した半島、コタンタン（Cotentin）半島の西側のつけ根のあたりの遠浅の海に、島のような岩山の上に聳えるのがモン・サン・ミシェル僧院です。八世紀から始まった建立はルネッサンスに到るまで続けられ、満潮時には、まさに海の上に浮ぶ島になります。

ミカエル祭に特有な法廷の名は "pie powder court" ですが、フランス語の "pied poudre" からきており、〝ピエ〟は足を、〝プウドル〟は〝粉〟、古くは〝埃〟を意味します。

ミカエル祭の楽しみは三つのGですが、まず手袋の glove。愛のしるし、また決闘のしるしとしての手袋の役割はすでに触れましたが、本文では市を開くことを許可するという約束のしるしとしての手袋が出てきます。中世での手袋はしばしば保護を意味し、ことに左の手袋は高貴を表わしていたようです。といっても、手袋が常に約束や高貴を表わしたわけではなく、魔女がはめている場面も物語にはしばしば出てきます。その場合には、正体のわからない不気味さをひきたてるものになるわけで、それぞれの物体は時代により、場所、または場合により、いろいろのものの象徴になったり、意味を含んだりしました。

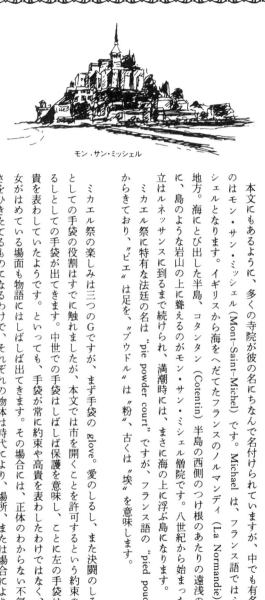

次のGは鵞鳥の goose。ヨーロッパでは、収穫期にはよく鵞鳥が供されます。本文での鵞鳥は、城館の饗宴におけるものですから、雄孔雀同様、美しく飾られていますが、ふつうのはただの丸焼です。これから連想されるのは豊饒であり、母なる大地の母性です。

また、ギリシヤ神話ではキプロスのヴィーナスの鳥として愛の象徴、エジプト神話ではイシ

アニス

スの神に捧げちれています。その他にも、鷲鳥が象徴するものは、愚鈍、風、亡霊、雪、自惚れ、用心深さ、雄弁、生命と再生と、多彩です。「八月に鷲鳥が南へ渡ると、きびしい冬がくる」というような言い伝えもあります。

三番目のGはしょうがの ginger。ジンジャー・エール、ジンジャー・ビールなどいろいろの飲み物や食べ物にジンジャーが使われていますが、ジンジャーは同時に病の治療に必要な薬用植物と考えられていました。医学の発達していない中世のヨーロッパでは、素人が自分の力で病と戦わなければならなかった時代でもあり、どの修道院もハーブ・ガーデンを持っていました。それぞれの家でもハーブを育てたもので、今日私たちが香辛料とみなしているハーブの多くは、当時においては薬用植物でした。こうした植物は、ヨーロッパでは七十種類以上あったといわれています。

ジンジャー・パウダーは、しょうがの根を干して粉にしたもので、日本でも使われています。

今までにスパイスとして出てきたハーブなどの香辛料は、ジンジャーの他にも、サフラン、シナモン、粉がらし、マスタード、ヘンルーダ、ナツメッグ、マヨナラ、ヤロウ、ベイ・リーフなど。その他にも、地中海地方原産の常緑樹であるまんねんろうから取ったローズマリー(rosemary)や、スィート・バジル(sweet-basil)もあります。これはインド原産の五、六十センチの草で、白い小花をつけます。イギリスに野生するのは、ワイルド・バジル(wild basil)とよばれ、こちらの花は濃いピンクです。それから、ひめういきょうのキャラウェイ・シード(caraway seed)は胃腸の薬、地中海地方産のアニス(anise)は白い花をつける植物で、やはり胃の薬として用いられました。

第11章

10月：ハロウィーン

ハロウィーンを祝うということは、その他のすべての月の楽しみをも、おたのしみ袋のように一度につめこんでしまったようなものなのです。

ハロウィーンのいろいろな風習は、他の祭日にも通じているので、あたかもすばらしい民族交響曲の作曲者兼指揮者が、最高の音楽的テーマのすべてを集め、ハロウィーンという最終楽章にくり返して演奏させているかのようです。

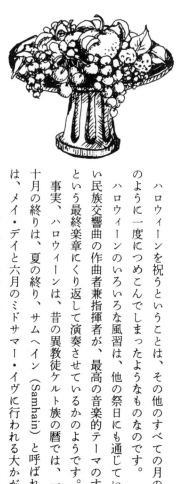

事実、ハロウィーンは、昔の異教徒ケルト族の暦では、一年のしめくくりです。また十月の終りは、夏の終り、サムヘイン（Samhain）と呼ばれています。そこでこの祭日は、メイ・デイと六月のミドサマー・イヴに行われる大かがり火や、ごちそうやゲームをもう一度楽しむ最後の時でもあります。トゥエルフス・ナイトの聖ジョージ劇の上演が春の訪れを予告するように、ハロウィーンも同じく、冬の訪れへの幕開けとなるのです。十月は幽霊や精霊、魔女、そして超自然的な存在が最も力強くなり、しかも一番寂しい思いをしていると思われる時期です。ハロウィーンの占いは、他のすべての祭日を一緒にした場合よりももっとたくさんの質問を、愛や人生について精霊に問いかけるのです。

というのは、十月における超自然的な存在は、異教信仰と同様、キリスト教の伝統的な信仰の中でも重要なものでした。

ハロウィーンは、オール・ハローズまたは、オール・セイント・デイ（万聖節）の前

夜にあたるのです。この十一月一日の教会の祝日は、すべてのキリスト教の聖人を礼拝します。その翌日の十一月二日の万霊節（All Souls Day）では、煉獄と呼ばれる特別の待機の場所に魂が未だ残っている死者すべてのために祈りが棒げられるのです。中世のハロウィーンのお祭りでは、異教徒のサムヘインの風習と、キリスト教の聖人たちの祭りとが美しく結びついています。仮面をかぶった子供たちは、歌いながら、さまよえる霊魂たちのために、ソウル・ケーキ（soul cakes）を乞いながら、戸口から戸口へとたずね歩くのです。これをソウリング（souling）と呼びます。ごちそうが何も差し出されないと、物乞い人や霊たちは、いたずらをします。このように、ハロウィーンは、すでに行なった過去の楽しいことのくり返しでもあるのです。とは言っても、主賓席にすわるはなやかなクリスピン王のように、思いがけないこともあることはあるのです。

ジャック・オ・ランタンと広間の大かがり火

灯火は、ハロウィーンの広間の飾りとして最も重要なものです。炎というものは良き霊を迎え、悪霊が近づくことを防ぐと考えられているので、どのテーブルもジャック・オ・ランタンを飾ります。二月のラブ・ランタンのように、かぶやスクオシュの中をえぐり、皮に両眼と鼻、口の形に穴をあけるのです。その中に太いろうそくを立て灯をともすと、穴を通して光を放ちます。ランタンの口の多くは、愛想よくにっと笑う形に作られます。幾つかは、険しいしかめつらです。（かぼちゃ製の

ジャック・オ・ランタン

ジャック・オ・ランタンというのは、アメリカ発見のかなり後まで、中世のヨーロッパでは知られていませんでした。でも中世のハロウィーンを現代に再現して楽しむためには、かぼちゃもよいでしょう。）

主賓席近くに、大きくて明るい、中心となるような光が置かれます。六月のミドサマー・イヴ祝祭日の火のように、装飾は大燭台が屋内のかがり火として役立ちます。

クリスピン王と酒盛りをする人たちのブーツの肩帯

主賓席を支配するのは、クリスピン王に変装した客人です。王にふさわしい長い衣服を堂々と身にまとい、王冠をかぶり、笏を打ちふるい、首のまわりに重い鎖を巻きつけています。そして大きなブーツの片方のデザインがついた大メダルをつけています。クリスピン王、つまり聖クリスピンは、コルドワイナー――スペイン産のコルドバ皮で靴やブーツを作る靴職人の守護聖人なのです。聖クリスピンの日は、ハロウィーンの少し前なので、この二つはしばしば一緒にされます。

客人たちは、各々普通の中世の衣裳を身につけてやってきます。仮面はつけません。死者の霊になる七人の人たちだけが、後ほど祝宴で仮面をつけられるよう用意します。小さな金のブーツや靴の絵や、縫いとりのある深紅色の肩帯を身につけることにより、誰もがクリスピン王の宮廷の一員に扮するのです。

十二月のスリッパ捜しと一月の聖ジョージ劇

クリスピン王と靴についての関係を知れば、ハロウィーンのゲームの一つが〝スリッパ捜し〟であり、これが十二月のクリスマスにも行なわれることも、驚くことではないでしょう。（これについては後で述べます。）

いろいろな祝宴のごちそうを楽しんだ後、儀典官がクリスピン王にママーの役者たちを迎え入れてよいかどうかお伺いをたてます。そして、ホビイ・ホースも含め、張切った役者たちが、ちょうど一月のトゥエルフス・ナイトや六月のミドサマーのときと同じように、聖ジョージ劇を演じて広間の人びとを楽しませるのです。

ソウリングとソウル・ケーキ

それから、死者の霊になる七人の客人たちは仮面をつけます。それぞれが、ソウル・ケーキを集めるため、小さなバスケットを携えています。広間を元気よく歩きながら、霊たちは唱和します。

ソウリング、ソウリング、
ソウル・ケーキがほしいのです。

一こはピーター、ポールへは二こ、
我らすべてをお創りになった神のためには三こ。
もしも、ケーキが無いのなら、
りんごをどうぞ、
もしも、りんごもないのなら、
洋梨を一つか二つ下さいな。
もしも洋梨を持っていないのならば、
神様どうぞお恵みを。

絶えまなく歌いながら、霊たちは贈り物を集めに客人たちに近づきます。それぞれが、テーブルの上の大皿からソウル・ケーキを取って、霊たちに与えるのです。ソウル・ケーキというのは、小粒の干しぶどうとシナモンとナツメッグが入った、平たい卵形のバタークッキーなのです。さもなければ、客人たちはテーブルを飾っていた果物を差し出します。寄付しなかった人びとを、霊に扮した人たちがおもしろおかしい罰でおどすので、皆がソウリングではいっそう浮かれ騒ぐのです。人びとからの贈物が詰まった七つのバスケットは、装飾付き大燭台のかがり火のまわりに、輪を作って置かれます。

二月のヴァレンタインと六月のミドサマーの占い

ハロウィーン占いは、祝宴の行なわれている間も、その後の夜の静けさの中でも大切なものなのです。

よく知られているヴァレンタイン・デイの愛の占い——麻の実、西洋のこぎり草、エリンゴなどの占いやピロウ・フェイスは、また、ハロウィーンの占いでもあります。また、夏が終わっても、ミドサマー・イヴの占いはくり返されるのです。たとえば卵占いやデスティニイ・ケーキなど、そしてミドサマーのばら占いの「彼は私を愛している」は、遅咲きの八重のバラで占うのです。

木の実割りの夜

でも、この夜に行なわれる一つの占い——木の実割りの占いは、たいそう普及しているので、ハロウィーンそのものも、しばしばナットクラック・ナイト（木の実割りの夜）と呼ばれます。

木の実割りは、二つの方法で行なわれます。暖炉のある家の小さな集まりでは、結婚を間近に控えた若い男性か女性が、真赤な残り火の中に二つの丸いままのくるみかヘーゼルナッツを入れます。二、三分後、熱くなった実の殻がはじけます。もし片方か、あ

ヘーゼル・ナッツ

るいは両方の木の実が大きな音で割れたなら、それは見込みがある愛の証なのです。もしも木の実がただ燃えてしまったら、その愛は束の間に炎と化して燃え上がり、でもすぐに消え去ることでしょう。一組の男女が木の実を見守っている間に、一つの詩が吟唱されます。

もしあの方が私を愛しているのなら、
はねて、とんでおくれ。
もしあの方が私をお気に召さないのなら、横になって死んでおくれ。

大きなハロウィーンの集まりでは、木の実割りはテーブルのゲームです。くるみとくるみ割りを使い、男女の客人のそれぞれの組が、自分たちの未来を予言するために、木の実を割ります。実を取り出す間に、もし殻の半分以上がそのままの形で残れば、その愛は完全で真実なもの。もし殻の半分以上が粉々に砕けたならば、その愛情も同じようにもろくはかないのです。

りんごの皮むきとアップル・ボビング

もう一つの愛情占いは〝りんごの皮むき〟です。りんご丸ごと一個と、小さなナイフを使います。客人はそれぞれ、りんごの皮を長い渦巻き状のリボンにむき、それを左肩

リンゴの皮むき占いとアップル・ボビング

ごしに投げます。皮は落ちて、いとしい人の頭文字では……と想わせることでしょう。

アップル・ボビングは、ちょうど七月の聖スウィズンの日に行なわれるのと同じように、陽気な騒ぎですが、でもハロウィーンには、占いが加えられます。口でくわえようとするりんご一つ一つに、想うひとの名が刻まれます。もしも一回の挑戦でそのりんごをくわえ取ることに成功すれば、その愛は成就するでしょう。もし二回目で取れば、その愛はほんのわずかだけ続き、三回目のチャンスで成功した場合は、愛ではなく、憎悪を意味します。四回もしくはそれ以上の挑戦は、その人にはもはや運がないことを示します。他の方にいたしましょう。

クラウディ

クラウディは、特に楽しいハロウィーンのお料理です。

六人の客人が、大きなボウルを分けあいます。香料入りアップル・ソースとまぜあわされた甘い生クリームのクラウディの中に、六つの何かが入っています。それは前もって熱湯の中で丁寧に洗われた二つの指輪と二つのおはじき、そして二つの硬貨です。参加者たちは、スプーンを使ってクラウディをすくいます。手がかりを飲み込まないようにしながらクラウディを楽しみ味わうのですが、指輪を見つけた人は間もなく結婚するでしょう。硬貨の持主は富に恵まれ、おはじきは、さびしい一人暮らしを意味します。クラウディだけで他のものをスプーンですくいあげない場合は、甘い予感に満ちた暮

しを予言しているのです。

アップルろうそくの行列

ハロウィーンは、八月の収穫祭のやり方で終ります。楽しい別れの前に、行列が広間を三回まわります。まわる毎に、ろうそくを運んでいる客人たちは、主賓席のクリスピン王におじぎをします。ろうそく立ては、つやのある秋のりんごです。

ろうそくは、悪霊をおどし、良き精霊を元気づけるために、祝宴のあと数分間は火をともし続けなくてはなりません。

第十一章の解説

本文にものべられているように、異教徒的伝統とキリスト教の見事な混合を、私たちはハロウィーン（Halloween）の中に再び見ることができます。

まずケルト族が祝ったと伝えられているサムハイン、またはサムヘイン（Samhain）の祭。十一月一日、またはその前夜に、彼らは冬至を祝いました。先祖の霊に収穫を捧げる死者の日でもあり、精霊などが出現する恐ろしい日でした。こうした超自然界からの襲来にそなえ、隠れるために、人びとは仮面（mask）をつけ、かがり火（bonfire）を燃したといわれています。かがり火は、もちろん魔よけだけではなく、豊饒を促進させ、祈る意味もありましたし、仮面の方も、やはり魔よけだけではなく、悪魔の方も仮面をつけていたりしました。夜も暗く、自然にも近く生活していた昔の人びとにとっては、自然界と超自然界の境界は、今日の私たちにとってよりは、ずっと曖昧なものだったのでしょう。

この十一月一日というのは、キリスト教徒にとっても死者の日、諸聖人を記念する万聖節（All Saints' Day）となりました。“saint”はアングロ・サクソン語では“hallow”となり、その“eve”がなまって、十月三十一日、ハロウィーン（All Hallows Eve→Halloween）となったのだといわれています。

十一月二日は万霊節（Feast of All Souls）でした。三日間のすべてが、自然の凋落、そして死と超自然世界に結びついていたのでした。

この日、人びとは死者のため、ことに煉獄（purgatory）にとどまっている魂（soul）のために祈りました。煉獄というのは、天国と地獄の中間、天国に受け入れられなかった魂たちが一定期間の修練の後に清められ、高められ、天国への日を待つところのことです。こうした魂

のためにソウル・ケーキ（soul cake）を求めながら戸別訪問するのがソウリング（souling）なのでした。

これらの習慣が、精神的宗教的側面は別として、形として最もよく残っている国はアメリカでしょう。グロテスクな仮面、仮装、ソウル・ケーキを出さないといたずらされるかもしれないという風習を残す"Trick or treat?!"（「ごちそうしないと、いたずらするぞ」）の戸別訪問といい、かぶがかぼちゃに変ったとはいえ、ジャック・オ・ランタン（Jack-o'-lantern）といい、アップル・ボビング（apple bobbing）といい、かなり忠実に残っています。

ケルトのサムハインでも、中世、ルネッサンスを通じ、また現代アメリカのハロウィーンの仮装でも、魔女ははばをきかせているのですが、この存在もまた、ヨーロッパ人の想像力の興味深い産物といえるでしょう。各地の祭典に参加する仮装をした魔女たちは、それ自身が悪である一方、悪霊を払う力をもっていると信じられていたようです。

中世の職人たちは、それぞれの組合に属していました。イギリスでも、フランスでも、ドイツでも、靴職人の守護聖人は本文に出てくるクリスピン（Crispin）でした。でも、彼にはクリスピニアヌス、またはクリスピニアン（Crispinian）と呼ばれる兄弟がおり、二人ともに守護聖人と崇められているのでした。

二人はローマの貴族の出で、靴を作って生計を立てながら、キリスト教を布教したと伝えられています。二八六年頃二人は殉教者となるのですが、遺体のいろいろな部分があちこちに埋められ、聖遺物となりました。彼らを靴職人の守護聖人とするお祭は、フランスではすでに八世紀から行なわれ、おごそかな行列と浮れ騒ぎが知られていました。

「聖クリスピンの日」、または「クリスピン王の日」は、十月二十五日です。

イギリス人にとっては、一四一五年の「聖クリスピンの日」（十月二十五日金曜日）は、百年戦争中のアジャンクール（Azincourt）で大戦をおさめたことからも、その日は殊に忘れ難いものとなりました。

第12章

11月：キャサニング、あるいは聖キャサリンの日

聖キャサリン
(Raphael の絵より)

暗くなった祝宴の広間を、客人が自分たちの席へとゆっくり列を作って進むと、火の奇術師は、燃えるたいまつを、くるくると廻し始めます。

左右の手にたいまつを一つずつ持って、円を描くのです。彼の両脇では、いまや火の輪が廻り、頭上にもやがて一つの輪、足元近くにももう一つが廻ります。この燃えさかる輪は、〝キャサリンの車輪〟と呼ばれています。ファンファーレが響きわたりますと、銀の足首飾りをつけた軽業師が、広間の中をとんぼ返りをして廻ります。このとんぼ返りもまた、キャサリンの車輪なのです。

各々のテーブルのろうそくに灯がともると、その灯が天井や壁にかかるもっとたくさんの車輪を照らし出します。シャンデリアは馬車の車輪で、その枠にたくさんのろうそく立てがついていて、三本の強い鎖で祝宴の客人たちの頭上に水平にさがっています。これもまた、キャサリンの車輪です。

窓々も〝キャサリンの窓〟となるような図案でおおわれています。キャサニングの祝宴の客人は、車輪を型どったピンか大くぎを打ちつけた車輪の縫いとり模様の織物を、それぞれの衣裳につけています。

キャサニングは、最も有名な女性の聖者の一人、気高く聡明で学識のある、アレクサンドリアの聖キャサリンを御祝いしているのです。車輪は、四世紀の彼女の死の象徴なのです。

ある人たちは、自分たちの職業ゆえにキャサニングを喜びます。キャサリンは、法律家、車大工、縄製造者、大工の守護聖人なのです。とりわけ女性たちの先達、守護者としても、彼女は崇められています。また、レース製造者、紡績工、独身女性、そして女子学生の守護聖人でもあります。そのために、キャサニングは多くの場合、女性の祝宴なのです。

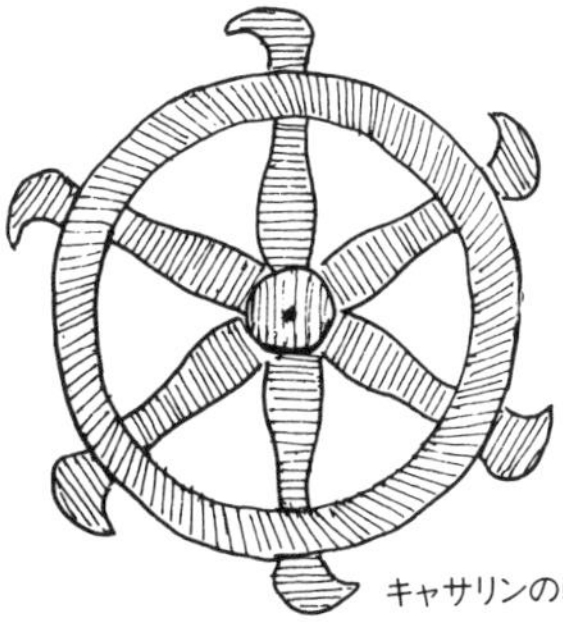
キャサリンの輪

ラムズ・ウールとキャサリンの杯

キャサニングの飲み物の一つは、ラムズ・ウールです。飾りをつけた大きな杯が主賓席に置かれ、その上に針金の枠で高く吊された車輪があります。そしてその車輪から、少くとも十二個の小さなりんごが糸にとおされて、スパイスと泡のようなりんごが中に入ったりんご酒の上にたれ下っています。これが〃キャサリンの杯〃なのです。

各テーブルのタンカードにどんなにラムズ・ウールが満たされていたとしても、酒宴の終る前には、誰もがキャサリンの杯から一口は飲まなければなりません。この象徴的なキャサリンの杯は、勉学、学問、そして上品な言語を使う一年というものを約束するのです。

このいっぷう変ったしきたりは、聖キャサリンが、世界で最も重きをなす五十人の学者たちを一人で相手にして、みごとに議論をし、論破したと言われていることを思い出

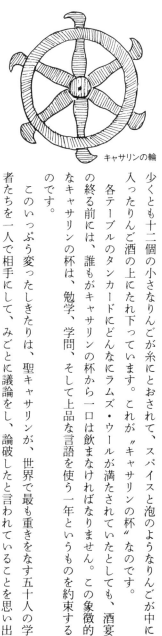

聖キャサリンと聖ジョージ
(Fra Angalico の絵より)

させるものなのです。

キャサリン・ケーキとウィッグス

車輪を象どったキャサリン・ケーキは、砂糖と卵と、キャラウェイ・シーズ（ひめういきょう）でできた、濃厚なものです。ときとしては、キャサリン殉難の車輪に打ち込まれた大釘を表わし、三角形のこともあります。
ウィッグス〃は、小さな干しぶどうと砂糖をまぶしたオレンジ、キャラウェイから作られた、やはり楔形をしたおいしいビスケットです。

円、キャンドル・ジャンプと花火

聖キャサリンの日には、角ばったものは皆、円みをつけることになっています。そこで楽人たちは、列を作らず、半円形に座ります。踊り手たちも、直線ではなくて、円形を作って踊ります。給仕たちも、お料理を運ぶときには、いつもの行進ではなく、円、または曲線に歩かなければなりません。これには、念の入った、楽しい振り付けが必要となります。

音楽伴奏つきの伝統的キャサニングのゲームは、キャサリン・キャンドル・ジャンプです。

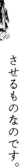

キャサリン・キャンドルとは、頑丈な台座にしっかりと置かれた一本の太いろうそくのことです。床の中央に置かれ、客人は皆、その上を順番に跳ばなければなりません。ろうそくにつまづかないように、倒さないように、そして吹き消さないように、どの客人も注意しなければなりません。しかもろうそくまでの一走りと、帰りの一走りは、曲がった線で走らなくてはなりません。上手に跳べた人たちは、その年に幸運をさずけられるのです。

キャサニングの最後は、花火です。

お天気が許すなら、客人たちはコートに暖くくるまって、戸外で輪の形の爆竹の回転を見守ります。もちろんこれは〝キャサリンの車輪〟と呼ばれます。もし寒かったり雨だったりすると、室内でのお別れとなります。そのときには、灯が一つずつ消されていきます。

火の奇術師は、たいまつに点火し、ゆっくりと、そして次第にペースを早めながら、くるくると火の輪を振り廻します。キャサニングは輝きで始まり、そして輝きで終るのです。

第十二章の解説

聖キャサリン（St. Catherine）はアレクサンドリア（Alexandria）の出身で、カタリナ（Catharina）とも呼ばれています。

ローマ皇帝マクセンティウス（Maxentius, 280—312）の前で、本文にもあるように五十人の哲学者と論争し、キリスト教を弁護しました。後に車裂きの刑に処せられましたが、車輪が壊れてしまったので首を斬られ、殉教者となりました。三〇七年頃のことでした。ちょうど前章では聖クリスピンが靴製造業者たちの守護聖人だったように、この聖キャサリンが、法律家、車大工、縄製造業者たちの守護聖人だという話なのです。

ここには、ヨーロッパの中世を知る上での、二つの重要な点が含まれています。

一つは、当時の社会における職業組合の存在です。

中世をかなり原始的な世界とみなす人も多いようですが、手工業はすでに発達していました。といっても当時のヨーロッパは後進国で、紙にしても、養蚕、アラビア数字、手工業の技術などは、より進んだ国々であった中国、インド、ペルシヤなどから学んだのでした。本文に出てくる紡績にしても、どんすのダマスカス織、モスリン、タフタなど、中東諸国から学んだものです。輸入した知識技術をもとにヨーロッパは独自に手工業を発達させていきますが、十三世紀末のイギリスでは、百以上の職種がすでに存在したといいます。

職種別に職人たちが作った職業組合、職人の結社がギルド（guild）で、これらの組合が当時の社会で果した役割りも、興味のあるテーマです。「ミステリイ・プレイ」も、ギルド別に上演されたのでした。

第二には、守護聖人の存在です。

今までに出てきた二人の他にも、聖エロワ（St. Eloi）は金銀細工師、刃物製造人などの守護聖人ですし、聖ドミニック（St. Dominique）は仕立屋や裁縫師の聖人というように、それぞれが守護聖人をもっていました。

すでに見てきましたように、キリスト教一色に塗りつぶされているように見えるヨーロッパ中世でも、いろいろの風俗習慣の中に、過去の遺産は根強く残っているのです。ケルトの神々、ゲルマンの神々などに祈っていた習慣は、キリスト教世界になっても消えず、天の神やキリストだけでなく、より親しみ深い、取りなしをしてくれる存在を求めていたのでしょう。その対象となったのが、聖母マリアであり、使徒たちであり、これらの守護聖人たちだったのでしょう。古い神々に対する民間信仰も、そういう形で生きのび得たのかもしれません。

また、職業組合だけでなく、個人の洗礼名にも聖人名がつけられ、それが、その人の守護聖人となっています。

聖キャサリンと結びつけられているのは、車裂きの刑の車輪（wheel）ですが、これは同時に、循環運動の象徴ともなっています。

中世の絵には輪がしばしば用いられていますが、太陽だけでなく、月や時、苦しみ、また最終章に出てくる「運命の輪」との関連で運命、運勢などを象徴するものとして扱われています。

この輪を太陽との関連から、キャサリンの車輪（Catherine Wheel）は太陽の輪（Sun-Wheel）と同じものであるとも考えられています。また、輪の形を描く爆竹花火でしめくくられるわけですが、花火は太陽の光を模したものとみなされていたところから、キャサリンと輪へのつながりが生まれてくるのです。また、花火は悪霊を追い払うと信じられていました。

第13章

12月：クリスマス

中世のクリスマスは、他の祝日より少くとも十二倍はすばらしいものです。

その理由の一つは、クリスマスはたっぷり十二日間続くからです。それはクリスマス・イヴに始まり、トゥエルフス・ナイトに終ります。あるいは、クリスマスの日からトゥエルフス・デイか、エピファニイ（顕現祭）までの日々を数えることができます。ラボラ国の悪い王が、クリスマスをなくしてしまったときに、お祝いの十二日間をきびしい労働の十二日間に変えることによって、王は彼の国民を十二倍ひどい目にあわせたのでした。しかし時間の長さは、クリスマスの季節のすべてのすばらしさの、ほんの小さな部分にすぎません。クリスマスの季節は、まさに〝十二の時〟――十二という数が大切な時なのです。

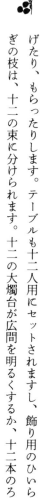

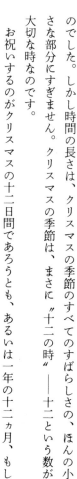

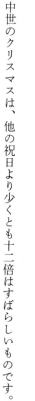

お祝いするのがクリスマスの十二日間であろうとも、あるいは一年の十二ヵ月、もしくは十二使徒であろうとも、クリスマスの祝宴には、少くとも十二種類のごちそうを出さなければなりません。

木々と人びとの健康のために、十二回の乾杯があります。客人はやどり木の下か、キッシング・ブッシュの下を十二回通らなければなりません。皆が十二個の贈り物をあげたり、もらったりします。テーブルも十二人用にセットされますし、飾り用のひいらぎの枝は、十二の束に分けられます。十二の大燭台が広間を明るくするか、十二本のろうそくからなる十二の灯が、この時期には、あかあかと輝きます。そしてこの時期は″蜜蜂の時期″でもあるのです。

この活動的な昆虫は、少なくとも毎日十二時間を、そして十二ヵ月全部をせっせと働いています。蜜蜂は、二つのすばらしい物、甘さと光を創り出すために働くのです。花の蜜からは、蜂蜜を採り出します。蜜蠟から作るろうそくは、暗闇を照すのです。

クリスマスの習慣は、蜜蜂の作る甘さと明るさに似ています。プラムのプディング、砂糖や香料を入れて牛乳で煮た小麦のおかゆのフルメンティ、ジンジャーブレッドのユール・ドールズ、そして熱いにわとこの果実酒などの甘い食品が好まれます。そしてユール・ロッグを燃やしたり、優雅なクリスマス・キャンドルに点火したりと、灯火も、大事なしきたりのための役割を担います。

つまり聖アンブローズのように、中世の聖職者たちは、蜜蜂の習慣と人びとの行動を比較したのでした。教会とは、信心深いキリスト教徒が善のために絶え間なく精を出して働く、この世における蜜蜂の巣箱だったのです。キリストの教えは、蜂蜜の甘さであり、キリスト教は英知の光なのです。

中世の様式をとる現代のクリスマスも″蜜蜂の時″になりうるでしょう。でも、中世クリスマスの十二日間は、現代では一日のクリスマスの経験に圧縮されるようになったにちがいありません。

広間のときわ木

祝宴の広間にはいたる所に緑があります。ときわ木の枝が壁や窓、机、そして天井にさえも飾られています。ひいらぎ、月桂樹、いちいの枝や小枝が十二のグループに分けられています。ときとして、十二本の小さな枝が、リボンで結ばれたり、はなやかな色のついた蝶形リボンやビーズを使って、一枝の上で十二枚の葉に分けられます。ひいらぎは最も大切な緑です。他の常緑樹と同様、冬じゅう葉をつけ続けていて、決して変化したり、枯れたりしないようにみえるからです。

ときとして〝聖なる木〟と呼ばれるひいらぎは、最初のクリスマス以前でさえ、冬の祝典には大切なものでした。古代ローマ人は、農神祭の祝祭日に、ひいらぎの飾りを使いました。

中世のクリスマス祝宴の大広間は、森の色であふれていましたが、クリスマス・ツリーはありません。常緑の木とクリスマスとの組合せは現代のものです。イギリスでは、今日のようなツリーは十九世紀になってはじめて流行しだしたのです。中世では、床に置かれた木ではなく、クリスマスの枝は、天井からさがっていたのです。

やどり木の下のキス

やどり木と〝キッシング・ブッシュ〟

緑のやどり木の束が、部屋の中央か広い出入口の頭上から、針金か細い鎖でさげられています。やどり木は、天井に飾られたキッシング・ブッシュの大切な常緑樹であることが多いのです。この飾りは、四角形か円い木の枠の囲りに並べられた、やどり木のようなときわ木の大枝でできています。リボンや小さなオレンジ、りんご、ナッツそして紙やかたい布を切り取って作った小さな飾りが枝の間にかかっています。

その枝の下を通る人は皆、その瞬間に一番身近にいる人に、キスをしなければならないのです。祝宴が終る前に、客人それぞれが、少なくとも十二回はキスをしなければなりません。

それ故に、クリスマスの広間に入り、キッシング・ブッシュの下へと列をなして進む客人たちは皆、クリスマスのお祭りを友情のキスで始めることになるのです。クリスマスはつまり愛の祝典ですから、あとで友人たちはキッシング・ブッシュの下で、自分たちの十二個の贈り物のうちの一つを互いに交換するのです。これは神からの贈り物であるキリストを、そしてベツレヘムの幼子へ運ばれた、三人の王と三人の羊飼いの贈り物を思い出させるものなのです。

ときわ木の下を歩いて、客人たちが最初のクリスマスのキスを受けている間、人びとは主賓席の近くの床の上に印された、長さ十フィート（約三メートル）ほどの緑色の線上を歩かないように注意しなければなりません。緑色のチョークかテープ、または注意深く置かれたカーペットでできているこの線は、〝クリスマスの敷居〟と呼ばれます。ファースト・フット、あるいはラッキー・バードという奇妙な名で呼ばれる男の人によって初めて跳び越されるまで、誰もその線を越えてはいけないのです。

ヒイラギとリボン

ファースト・フット、ラッキー・バードとクリスマスを招き入れること

祝宴の儀式が始まる前に、儀典官が乾杯のあいさつで「乾杯！」と客人たちに向って叫び、それから客人たちは黙って席につきます。儀典官は、主賓席の一番名誉ある客人に、祝宴を始めてよいかどうかを尋ねます。「いいや、ファースト・フットがクリスマスの敷居を横切るまでは、まだですぞ」というのが答えです。

突然、広間の後方から、緑色の衣服を着た濃い色の髪をした男の人が入ってきます。彼はときわ木の枝を持ち、両足首のまわりのバンドに小さな鈴をつけています。彼こそラッキー・バード、もしくはファースト・フットなのです。半ば踊るように、スキップするように、足首の鈴を勝ち誇ったように鳴らして、彼は主賓席へと近づいていきます。そして、一跳びで緑色の線を跳び越えます。主賓席の客人たちにおじぎをし、帽子を脱いで、それぞれの客からの硬貨を集めます。次に、おどけた身振りをしながら、客人それぞれが幸運の硬貨を彼の帽子の中に入れてくれるように、テーブルからテーブルへと渡り歩くのです。

これが〝クリスマスを招き入れる〟儀式です。床の上の緑色の線は、敷居か、家のドアの真下の床を意味します。外にはクリスマスの喜びがあり、これを内部へと招き入れなくてはならないのです。ひとたびクリスマスシーズンの祝いの精が中に入り込めば、中にいる人びとは皆、めぐり来る年に、楽しみと幸運の両方を授かることでしょう。

そこで、クリスマスの敷居を初めて越えるということは、その人の後を追ってくる幸運を飛び込むままにさせることになるので、この男の人は、ラッキー・バードとかファースト・フットとか呼ばれるのです。その役をする人は、ふつうはママーの役者です。そして伝統に従い、茶色や黒の髪をしていなければならず、決して赤毛ではいけません。(なぜならば、キリストを裏切ったユダは、赤毛であったと思われているからです。)祝宴につぐ祝宴で、ラッキー・バードは踊ったりとんぼ返りをしたり、クリスマスの敷居を横切ったりしては、お金をかせぐのです。

クリスマスのろうそく

次にファンファーレの音楽が、乾杯、食塩の献呈、パンの上皮を切り落すアッパー・クラストの儀式、飲物の鑑識、そして手洗いなどの、祝宴におきまりの儀式を儀典官が始めることを知らせます。しかしクリスマスのお料理が出される前に、儀式用の灯りがともされなければなりません。

広間の皆が見てめでることができるように、主賓席に巨大なろうそくが置かれます。

ふつうこのろうそくは、クリスマスからクリスマスまでの十二ヵ月をかけて、数多くの色のろうから特別に、ゆっくりと、念入りに仕上げられたのです。このろうそくの中には、前の年のクリスマスのろうそくの断片がいくつか混ぜてあるのがふつうです。あるいは、背が高くて先が細くなっている十二本のろうそくが、不燃性のひもで束ねられて、大きな浅いボウルにしっかりと固定されていることもあります。このクリスマスのろうそくの台座は、ひいらぎで囲まれています。それはもちろん、十二枚の葉や十二本の小枝で飾られています。そして薄い金属で作られた、しゃれたデザインの十二個の飾りが、ろうそくにピンでとめてあります。浅く彫刻をほどこした三角形や、星、道化師の顔、リュート、ブーツ、熊、車輪、馬蹄が、典型的なクリスマスろうそくの飾りです。

儀典官がこのクリスマスの火に灯りをともし、「乾杯！　乾杯！」の楽しい叫びがあがります。

クリスマスの灯りのあとは、甘いごちそうが続きます。でも、もし広間に炉床か暖炉があるのならば、もう一つのクリスマスの火、ユール・ロッグに火がつけられます。

ユール・ロッグ

炉床に入る一番大きな薪が、クリスマス・イヴに広間に運ばれ、注意深く火をつけられます。もし火の番をきちんとするならば、この木の一部は、クリスマスの全十二日間、燃え続けるのです。最後の残り火は、トゥエルフス・ナイトでもなお、くすぶっていなければなりません。しかし薪の小片は、翌年のクリスマスの薪が、初めて燃えつく際のたきつけ用に、別にしてとっておきます。クリスマスの火は年々受けつがれて、クリスマスで飲み騒ぐ人びとに、クリスマス・シーズンのお祝いがクリスマスにだけ燃え上るようにみえはするものの、本当は十二ヵ月間消えることはないのだということを思い出させるのです。

ジンジャー・ブレッド・マン

フルメンティとミルク酒、ユール・ドールズと梨酒

ファンファーレが、フルメンティが出ることを知らせます。この甘くて単純な料理は、小麦粉と、熱いミルク、卵、蜂蜜、そしてスパイスでできています。フルメンティと一緒に、ミルク酒を飲んだり、というよりスプーンですくっていただきます。ミルク酒はエール、卵そしてナツメッグからできた大変高価で、濃厚な飲み物ですので、スプーンですくった方が、飲むよりきれいに美味しくいただけるのでした。

次にユール・ドールズが出てきます。これは蜂蜜、ナツメッグ、サフラン、レモン、小粒の干しぶどうが入った、人間の姿を象どったジンジャーブレッドです。この人形は〝両腕〟を胸かお腹にあてています。目と鼻は干しぶどうで、笑った口元は、オレンジの皮を丸くしたものです。タンカードに入った洋梨ジュースか、ペリーと呼ばれている軽い甘口の梨酒と一緒にこれをいただくと、一番よく合います。

プラム・プディング、ミンスパイ、にわとこの果実酒は、冬にとれる肉や魚、鳥肉など、他のすてきなクリスマスのごちそうの間に、一緒にいただきます。孔雀はローストされ、それから生きているようにみせるために、再び羽でおおわれます。かぎづめとくちばしは、ぴかぴか光る金色に塗られます。

いのししの頭の行列

たった一つのベルが、一座の人びとに静粛を呼びかけます。

給仕たちが、立派な行列を作って進んできます。彼らは、ときわ木で飾られた大きなお盆を運ぶ二人の給仕の後に続きます。お盆の中央には、いのししの頭が置いてあります。野性のいのししの他の部分は、肉やベーコンとして食べられるのですが、頭の方は別にローストされ、口の中にりんごやオレンジやレモンを詰めて出されるのです。客人のテーブルを廻って通りすぎ、主賓席へ向う優雅な行列を組みながら、行進者たちはいのししの頭の祝歌を歌います。その歌にはラテン語の折り返し句があります。

——「カプト《Caput》　アプリ《apri》　デフェロ《defero》、レデンス《reddens》　ラウデス《laudes》　ドミノ《domino》。クウィ《Qui》　エスティス《estis》
イン《in》　コンウィウォ《convivo》」——

いのししの頭を、我、手に持ちて
運べり、

はなやかな花飾りとローズマリーを
飾りて
我は願ふ、汝ら、皆こころよげに歌はむことを。

〝ミリーへの乾杯〟

祝宴のはじめに、儀典官は、クリスマスの三つの乾杯歌の一番目を歌います。二番目は、〝ミリーへの乾杯〟と呼ばれています。広間に円くなった人びとの一団が、乾杯の歌とキャロルを歌います。人びとは〝ミリーの箱〟と呼ばれる大きな蓋のない箱を運びこみます。箱の中央には、聖母子の小さな像が入っています。テーブルからテーブルへと歌い手たちが通り過ぎるときに、どの客人も〝ミリー〟への〝贈り物〟をしなければなりません。ミリーとは、〝聖母マリア〟、または〝聖処女〟の意味なのです。贈り物は硬貨であったり、小さな果実だったり、あるいは高価な宝石のような、もっと価値のある贈り物だったりします。これらの贈り物は、後から貧窮している人びとに分け与えられます。ミリーに贈り物をすれば、幸運を保障されることになります。

歌い手たちは、願い歌を歌います。

あなたに楽しいクリスマスを、
大変に幸せな新年を！

お金で一杯のお財布を
ビールで一杯のビア樽を
太った牛と豚たちを
一年を通してあなたを元気づけるために！

健康と裕福に対する似たような願望は、三番目の乾杯の歌の伝えんとするところでもあります。これは直接人間に対してではなくて、木々に対してのものです。歌い手の一人によって高くかかげられた木の枝を囲んで、乾杯の歌を歌う人たちは、木を元気づけ、そして実り豊かになりますようにと命令するのです。

じっと、根を張り立ちなさい
空へ向って、そびえなさい
どの小枝も　大きなりんごを実らせて
どの枝にも　たわわに実がなるように！

クリスマスの習慣と冬の世界

三つのクリスマスの乾杯の歌は、クリスマスの儀式と、木々と動物の豊饒に対する昔の異教徒の儀式とをうまく結びつけています。

ある国々では、クリスマスに動物たちに敬意を表わすことは大変に重要なことなので、動物たちが先に食物を与えられるまでは、クリスマスの祝宴では誰も食べることができません。ときには、プラム・プディングやフルメンティやユール・ドールから切り分けられた最初の一人前は、農園でお気に入りの牛や馬や豚に与えられなくてはならないこともあります。それから、動物たちには、祝日を祝うために、いつもの量よりも多い餌を与えなくてはなりません。家の近くの木に据えつけられたクリスマス用の鳥の餌台に、冬の寒さの中ではいつもより多くの餌を鳥たちに与えたり、人びとは、鳥たちがその恵まれた餌を食べるのを見て楽しむのです。

動物たちを大事にするのは古くから重要なこととされており、春には元気で多産になるよう、冬の間に動物たちに（木々にも）贈り物を与えるのでした。この異教徒の考えは、キリスト教徒の動物への感謝につながっています。動物たちは、初めてのクリスマスに、幼子イエスが友だちを必要としたとき、〝最初の友だち〟になってくれたのでした。

クリスマスのゲーム――〝中央の蜜蜂〟

お料理のコースの間も、ゲームは、する人と観戦する人の両方を楽しませてくれます。ただの楽しい娯楽と思われている最も古いクリスマスのゲームのいくつかは、実際には、初期の宗教的儀式の再現でもあるのです。大人と子供の両方が楽しめる、みるから

に単純なゲームに、〝中央の蜜蜂〟があります。

少くとも十二人の人びとが円くなり、隣りの人にかなり近づいて床の上に座ります。他の一人――この人がビー（蜜蜂）と呼ばれる鬼役なのですが――上に伸びた長い触角や触毛のついた仮面をかぶって、円の真ん中に座りこんでいます。触角などは、鋭い先が無いように先端を折り曲げた針金でできているか、堅いボール紙で巧みに作られています。鬼役の蜜蜂になった人は、あぐらをかくか正座をし、遊びが続くあいだ、この姿勢で座っていなければなりません。円になった人は、一人ずつ刺されないようにしながら、鬼の蜜蜂にさわろうとします。蜜蜂になった人は、どの方向からそのタッチがくるかわかりません。そこで鬼の蜜蜂は、触角でさわって刺そうとしたり、さわりに来た人を手でつかまえようとします。鬼の蜜蜂は、体をどの方向にもゆすることは許されますが、組んだ足をはずしたり、立ちあがってはいけません。参加者は皆、蜜蜂に不意にさわったり、やさしくたたいたりしながらも、蜜蜂にはつかまらないよう一生懸命になります。鬼の蜜蜂に触角で刺されたり、手でつかまったりした人が、次の鬼役の蜜蜂になり、真ん中に行くのです。

このようにして、ゲームは続いていきます。

クリスマスのゲームの意味と目隠し遊び

もちろん蜜蜂は、甘みと光を与えてくれる昆虫です。このゲームでは、蜜蜂は円の中

に捕えられた生物であり、いじめたり、ののしったりする行為の的なのです。この宗教的な儀式のゲームは何百年もの間遊び継がれてきていたので、中世においてさえも、古くて伝統的なものと考えられていました。

真ん中に置かれた他の動物たち――たとえば〝中央の雄牛〟などは、そのゲームが、もともとは異教徒の動物のいけにえと関係があったということを思い出させます。

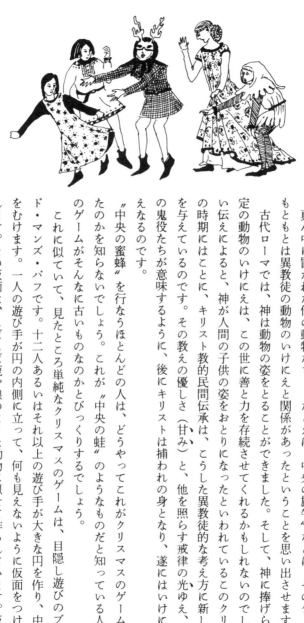

古代ローマでは、神は動物の姿をとることができました。そして、神に捧げられた特定の動物のいけにえは、この世に善と力を存続させてくれるかもしれないのでした。言い伝えによると、神が人間の子供の姿をおとりになったといわれているこのクリスマスの時期にはことに、キリスト教的民間伝承は、こうした異教徒的な考え方に新しい解釈を与えているのです。その教えの優しさ（甘み）と、他を照らす戒律の光ゆえ、真ん中の鬼役たちが意味するように、後にキリストは捕われの身となり、遂にはいけにえにさえなるのです。

〝中央の蜜蜂〟を行なうほとんどの人は、どうやってこれがクリスマスのゲームになったのかを知らないでしょう。これが〝中央の蛙〟のようなものだと知っている人も、このゲームがそんなに古いものなのかとびっくりするでしょう。

これに似ていて、見たところ単純なクリスマスのゲームは、目隠し遊びのブラインド・マンズ・バフです。十二人あるいはそれ以上の遊び手が大きな円を作り、中央に顔をむけます。一人の遊び手が円の内側に立って、何も見えないように仮面をつけさせられます。その仮面は、しばしば鹿や狼のような動物に似せて作られています。仮面をつけた〝目隠しの鬼〟は数回ぐるぐると廻されてから、円にいる遊び手の一人をつかまえて、その人の名前を正確に当てなくてはなりません。一方、ゲームをしている人たちは、鬼にさわるか、軽くたたくか、打とうとします。（この最後の行為が“buffet”ですが、ここからゲームの名前のBlind Man's Buffの“buff”がきています。）それから、円の自分たちの場所に逃げ帰るのです。鬼につかまえられて、名前を当てられた人が、次の鬼になります。

スリッパ捜し

三番目のクリスマスの円を作るゲームは、〝スリッパ捜し〟と呼ばれ、輪になった客人たちはつめて座ります。足を前に伸ばして床に座ってもよいし、円く並べた椅子を使ってもかまいません。一人の客がスリッパ・ソウル（スリッパの魂）と呼ばれ、靴かスリッパを手にして、円の中に立ちます。円に加わっている人は皆、靴屋か靴修善屋になり、忙しく皮を縫っているふりをします。スリッパ・ソウルは、歌います。

靴直しさん、靴直しさん
私の靴を　なおしておくれ
靴をまったく新しくしておくれ
三つのステッチで充分さ！

それから、一人の靴直しに、靴が手渡されます。スリッパ・ソウルは数秒間、目をかたく閉じていなければなりません。靴直したちは、その靴をスリッパ・ソウルに見えないように隠しながら、次々と手渡していきます。床に座っているのなら膝の下をくぐらせて、次々と渡していきます。椅子にこしかけているのなら、背中で後手に渡していきます。靴が手元にない人びとは、持っているようなふりをします。目をあけたときに、スリッパ・ソウルは、誰が靴を持っているかを当てなければなりません。皆が靴を手渡しているように見えるので、誰であるかを見破るのは難しいのです。スリッパ・ソウルが、三本のステッチで修善された靴を持っている靴直しを正しく当てると、今度は、その靴直しが次のスリッパ・ソウルになるのです。

平等な習慣

〝スリッパ捜し〟〝目隠し遊び〟〝中央の蜜蜂〟のような円になってするゲームのバリエーションは、田舎の家々だけではなく、高貴な宮廷でも熱心に行なわれました。〝靴〟が真珠やエメラルドつきの刺繍をほどこされた優美な絹のスリッパであるか、何の飾りもない皮の仕事靴であるかの違いだけなのでしょう。ゲームは、同じものなのです。

中世の祝典の驚くべきことの一つは、その構成がしっかりしていることなのです。細かなところは、社会的な階級によって、宮殿か領主の館か田舎屋か、などによって異な

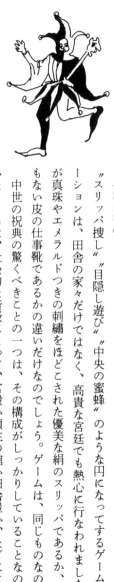

りはします。しかし、伝統的な習慣は変りません。本物の若い靴屋たちがスリッパ捜しで靴直しの役を演じる一方、高貴な若い騎士たちや御婦人方でも、同じようにして遊ぶのです。

クリスマスには、祝典におけるこの平等性が特に重要です。このことは、王たちの中でも最も偉大な王が、みすぼらしい家に隠れているかもしれないということを、参加者たちに思い起こさせます。富が徳を生み出すのではありません。最も素朴な優しさが、最も深い信心と同じように、意義があるのです。

ハンブル・パイ

トランペットのファンファーレが、ハンブル・パイ（humble pie）と呼ばれるクリスマスの特別なごちそうが出ることを知らせます。

クリスマスの客人は皆、金持も貧しき人も、このミートパイを焼くことができます。中世のハンブル・パイは〝つつましい〟ことには関係ありません。しかし今日では〝ハンブル・パイを食べる〟という表現は、より高い権威に降参するか服従すること、あるいはより低い地位に引き下がることを意味しています。

中世でのハンブルまたはアンブル（umble）は、今日臓腑として知られている動物の内臓を指していたのでした。この内臓は、中世の狩人たちにとっても、貧しい農民にとっても、お気に入りの珍味でした。何時間も火を通してから、クリスマスのアンブル

は、パイの中味として焼かれます。甘い味のパイの皮には、十字架の型に小さな穴がいくつもあけられます。アンブルという言葉は、もちろんハンブルと同じように響きますし、王と同様に貧乏人も、この伝統的な楽しみを味わってきたのです。そのためにハンブル・パイは、地位の低い人や貧しい人たちだけの食物だと考えられてしまったことも、わからないわけではありません。

三人の羊飼いの劇

ベルの音が大きく鳴り響きます。

「広間の灯は、すべて消されます！」と儀典官が告げます。

皆静かになり、それから儀典官が十二本の小さなろうそくに、一本ずつ火をつけます。暗くなった広間は、天使の銀色にはためく翼を客人たちが見ることができる程度の明かるさになります。この天使は、短い『三人の羊飼の劇』の開始を告げる饗宴の客人か、役者です。富める王たちと貧しい羊飼いたちが、最初にクリスマスを知った人たちなのです。東方から星に導かれてやってきた三人の王たちは、かいば桶の中の幼子に贈り物を運んできました。これを祝う劇は、トゥエルフス・ナイトに上演されます。天使に導かれた三人の羊飼たちもまた、このすばらしい赤子の存在をみとどけました。このことは、フランスのルーアンの十四世紀の寸劇のように、クリスマスの日に劇で上演され、祝われます。

ろうそくを運ぶクリスマスの天使は、幅広い銀色に彩色された翼をつけた、白いゆったりした長上着を身につけています。この天使は、広間が暗いために目に見えない高いテーブルの上に立って上の方から話しかけたり、あるいはバルコニーから、大声で呼びます。

畏れることなかれ！
我、汝らに大いなる吉報を持ち来たれり。
今日、この日、ダビデの町に救世主が、生まれ給ひたり。
汝らは見む。
産着に包まれ、かいば桶に横たわれる幼子を。

次いで、十二人の他の天使たちが、楽しげに英語かラテン語で歌います。

天の神に栄あれ
地上には平和を
人びとには善意を

同じように、ろうそくを運ぶ三人の羊飼たちも言います。
「行って、何が約束されたのかを見てこよう。かいば桶の近くに行こう」

三人は、カーテンの張ってある小さなかいば桶に近づきます。しかし二人の産婆が現われて、彼らを止め、こう尋ねます。

「おお　羊飼たちよ。かいば桶の中に、どなたを探しておいでかな。告げなさい！」

ラテン語の原文では、この個所は以下のようになります。

クエム《quem》　クアエリティス《quaeritis》　イン《in》　プロセペ《prosepe,》　パストレス《pastores,》　デイキテ《Dicite》

羊飼たちは答えます。

「天使が私たちに告げたように、救世主、神の御子を」

産婆たちがカーテンをあけたとき、羊飼たちは驚嘆して息をのみます。産婆たちは言います。

「ずっと昔、預言者イザヤが告げた幼き者が、ここにいる。さあ行って、彼が生まれたと皆に伝えなさい」

羊飼たちはおじぎをし、聖母とかいば桶の幼子を礼拝し、そして意気揚々と叫ぶのです。

「ハレルヤ！　ハレルヤ！　今こそ我らは、預言が真実であることを知りました。ハレルヤ！」

羊飼たちがその良き知らせを伝えるためにその場を去ると、鐘が熱狂的に鳴りわたります。手で振り鳴らす振鈴か教会の鐘が十二回、そしてまた続いて十二回鳴ります。次にまた三回、そしてまた三回響きます。もし大きな鐘がないなら、小さなチリンチリン鳴るベルがリズミカルに振られます。こうした鐘はヴァージンズ・ウエルカム（聖母マリアへのウエルカム）としばしば呼ばれることもありますし、またはときとして〝悪魔の死の弔鐘〟とも呼ばれます。

クリスマスの鐘が鳴って聖なる幼子の誕生の知らせを告げることは、クリスマスの参加者たちを、その終幕へと導くことになります。

でも実際には、それはもちろん、彼らにとっては開幕なのです。なぜならば、クリスマスは十二番目の月の十二という数の十二日間の祝典なのですから、それは一月のトゥエルフス・ナイトで終ることになります。

中世の祝日を祝うことで、私たちは季節の栄光にみちた一巡りをなぞることになるのです。〝クリスマスの蜜蜂のとき〟の甘さと光は、翌月まで終りません。そしてこの本の第一章のごとく、トゥエルフス・ナイトで、新しい年は、その一巡りを再び始めることになるのです。

第十三章の解説

輪の話が前章に出ましたが、一年の輪もめぐりめぐって、またトゥェルフス・ナイトの季節へ戻ってきました。

クリスマスは日本でもよく知られていますので、改めて説明するまでもないでしょう。ただ、二つのことを指摘しておきたいと思います。一つは、今日私たちの使っている太陽暦はヨーロッパ中世では使われておらず、教会暦によっていたこと、したがって、新年は一月一日ではなく、クリスマスが一月六日だったこと。もう一つは、キリストの誕生日が十二月二十五日となったのは三二五年以降で、それ以前の十二月二十五日とは、冬至の日として祝われていたのでした。

やどり木

天井に飾られたキッシング・ブッシュ（kissing bush）の中心はやどり木（mistletoe）だとありますが、やどり木は、りんご、さんざし、ポプラなどに寄生する常緑の寄生植物で、ケルト人たちは、樫の木に生えたやどり木をことに尊重し、満月の祭に用いたと伝えられています。早春に花をつけ、白い実からは液が出ますが、生命を作り出す力、豊饒、解毒作用と関連して扱われています。

クリスマス特有のもう一つの植物はひいらぎ（holly）ですが、ローマでは農神祭に用いられ、収穫に関連していたそうです。キリスト教徒にとっては、棘はキリストの受難を、赤い実は血を表わすものとなりました。

農神祭（Saturnalia）は、古代ローマで十二月に行なわれた無礼講をともなう農耕祭でした。この時期はまたユール（Yule）の季節とも呼ばれています。冬の祭りを行ない、無礼講やかがり火、仮装などで冬を鎮め、太陽の復活、春の再生と豊饒を願う古来の習慣と、キリスト

の誕生が重なったのでした。クリスマスの薪木は、ユール・ロッグ（yule log）とも、ユール・クロッグ（yule clog）とも呼ばれています。

人びとの行動と蜜蜂の習慣を比較したという聖アンブローズ（St. Ambrose）は、ミラノの司教だったアンブロシウス（Ambrosius）で、典礼の大切さを説き、讃美歌の作詩作曲にも力を注いだ人で、祝日は十二月七日となっています。

その蜜蜂（bee）ですが、もともとは神の僕として天国に住んでいたのですが、失楽園の後に地上へ住むようになったと伝えられています。また、ギリシヤ神話では、蜜は神々の食物だったといわれていますし、キリスト教ではキリストの復活、労働、自制などの象徴でもあったところから、〝甘さ〟を代表する蜜蜂がいかに大切だったかがわかります。蜜蜂は、天国への出入りさえも許されていたと伝えられています。

一方、〝光〟の方はろうそくで表わされていますが、ろうそく（candle）は清めに用いられる神への捧げ物でした。生命、キリストなどの象徴でもありました。

いのしし（boar）の頭の行列というのも興味深い習俗です。口の中にりんご、オレンジ、レモンをつめこまれた頭だけがお盆にのせられて出てくるというのですが、これは北欧神話に起源があるのではないかと考えられています。いのししは、霜やひでりの怪物、つまり農作物の敵として生贄《いけにえ》にされたのではないかというのです。同時に、体をおおう剛毛は太陽光線に似ているとされてもきたところから、太陽の復活、豊饒への祈願と結びついているのかもしれません。口につめられているオレンジもまた、火、太陽、豊饒などの象徴とされてきました。

象徴といえば、12という数字がいかにこの時期に大切か、すでにお気づきになったでしょう。

この時期ばかりではありません。12とは、一年の十二カ月、昼十二時間、夜十二時間、十二宮というように、宇宙の秩序と結びつき、太陽、救済とも関連しています。

また、色としては緑がこの時期に用いられていますが、「クリスマスの色は？」と聞けば、「緑」という答えが返ってくるでしょう。春、生命、愛などの象徴で、ここでもキリストの生誕と春の復活を願う心が結びついているのです。

「スリッパ捜し」(Hunt the Slipper) には、いろいろな詩があり、すわり方も、〝トルコ式〟、つまり、あぐらをかくのもあるそうです。

楽譜をつけておきます。

第14章

中世の祭りの再現

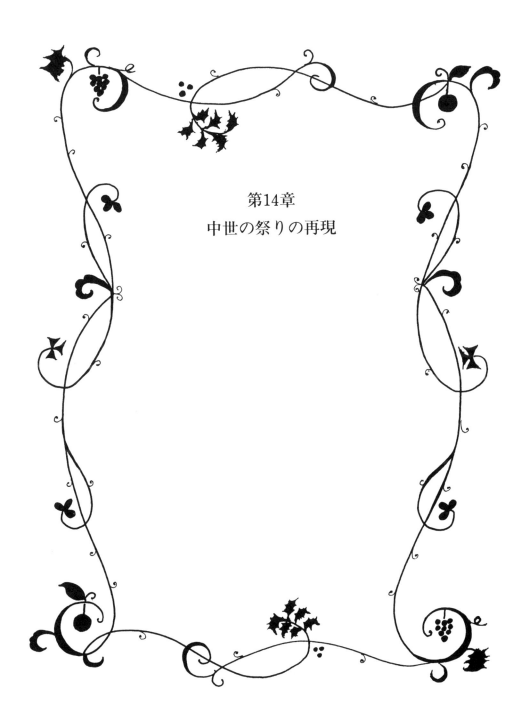

中世の休日や祭りの様子を思い描くことは、とびきり楽しいことです。でも最高の楽しさは、やはり、中世のやり方を現代生活の中に再現してみたときにもたらされると思います。中世の休日のすばらしい宴会を再現することは、それほどむずかしいことでも、お金のかかることでもありません。でも、それには工夫の才が必要です。

三つの主な〝冒険〟があります。ひとつは広間の飾りつけ、二つ目は人びとに盛装させること、三つ目は中世のごちそうを作ることです。もしあなたが中世の〝ローテーション〟をすすんで実行しようとなさるなら、三つの〝冒険〟は大きな喜びにつながるでしょう。

ローテーション

（訳者注―〝回転〟や、〝循環〟の意ですが、ここでは想像力を駆使して既製のものを中世風に作り変えることを意味しています。）

空中に浮かんでいる、こしきと輻《や》のついた車輪を思い描いて下さい。そして車輪の上部に一つの椅子があると想像してみるのです。その席を玉座と呼びましょう。黄金の冠をいただいた女王が坐っています。車輪の下部に目を転ずると、ごらんなさい、二つの手が車輪の枠をつかみ、しっかりとつかまっています。その手には腕、体、そして若い男の希望に満ちた顔が続き、空中にぶら下がっています。その車輪をゆっくりと注意深く廻して下さい。上にあったものは下にさがり、下にあったものは上にあがります。黄金の冠は吹き飛ばされていきます。もし女王が車輪の枠をしっかりと握っていなかったら、彼女もまた高貴な玉座もろとも振り落とされてしまうでしょう。辛抱強く車輪の下部にしがみついていた者が、上によじ登るのです。

これが中世の〝運命の輪〟で、これを廻しているのは〝運命の女神〟です。いつ、どんな方法で廻すのか、私たちにはわかりません。彼女の計画は不可解なのです。車輪の最上部で暮らしていた幸運な人びとも、突然転落するかもしれませんし、車輪の下部にいた者が高位に登りつめることもあるのです。運命の輪は、いかなるものも永続しない

運命の女神は未来と過去とを見る顔をもっている

運命の車輪（15世紀の祈禱書より）

という中世の教訓であると同時に、いかなることも不可能ではないということをも示唆しています。今はどんなに不運なものでも、ほどなく完全なものになりうるのです。たとえば中世の休日を再現するのに恰好の建造物、たとえば壮麗なゴチック、ロマネスク、ビザンチン様式などの教会や寺院、あるいは学校や邸宅が残されていることはたしかに幸運なことです。アーチ、大天井、ステンドグラスの窓などは、中世の祝典のためには既にでき上がっている背景といえましょう。

しかしながら中世の休日を再現しようとする人びとの多くは、中世には似つかわしくない小さなテーブルや味気無い螢光燈の光のもとで、現代風の殺風景な部屋に住んでいるものです。その人たちはローテーションを実現する願ってもないチャンスを与えられている、とむしろ考えるべきでしょう。「既成のものに左右されないことは何て幸運なんだろう。私たちは取るに足らないものをすばらしいものに変貌させる機会を与えられているのだ。旗のぼりやろうそくや衣裳、そして私たちの知恵が、中世の休日を再現する喜びを、いっそう大きくしてくれるだろう」と。

ローテーションを実現するためには、一見不都合なものの半面にひそむ好都合な面を見つけ出さなければなりません。たとえば広間の主賓席として、幅が狭くて長いテーブルが必要だとしましょう。それを買うことは無理です。けれども地下室への階段に通じる丈の高いドアがよくあるではありませんか。それを横倒しにした姿を想像してごらんなさい。幅が狭くて長いテーブルによく似てるでしょう。ちょうつがいを取り水平にして、同じ高さの二つの小さなテーブルの上にバランスよくのせてみて下さい。取っ手は取り去るか、観葉植物でも飾ってテーブルのデコレーションにしてみてはどうでしょう。ローテーションによって、あなたは宴会の主賓席を作ることができました。

ダイヤモンドの王冠と宝石をちりばめた頭飾り（ティアラ）は、工夫によって似たようなものを作ることができます。もし宝石のついた頭飾りを買うことも借りることもできないとしても、友達の中には模造宝石のネックレスを持っている人がいるでしょう。または幅が広くてしっかりとしていて宝石をちりばめたすてきなブレスレットを持っている人もいるでしょう。ネックレスでもブレスレットでも、上下を逆さにして、あなたの頭の上にのせてごらんなさい。その新しい王冠をピンで直接髪にとめるか、縁なし帽を帽子どめのピンで髪にとめてから、それにネックレスかブレスレットを真っ直ぐに立つように細い針金でつけてもいいでしょう。

旗のぼりと壁掛けによる広間の飾りつけ

色あざやかな旗のぼりは、最も殺風景な壁ですら生き生きとさせるものです。大判の無地の色つきのフェルトを何枚か用意して下さい、旗のぼりは縦五フィート横四フィート（一五二センチ×一二二センチ）が便利なサイズです。どのくらいの量を作るにしても、旗のぼりにつける飾りも同一のフェルトから切り取ることができるように、約二倍の量のフェルトを用意するとよいでしょう。大きな広間だと、十二枚の旗のぼりは必要でしょう。旗のぼりの地の色は皆同じ色で違う色のデザインと飾りをつけることは無論

できます。あるいは主な四色——赤・金・緑・紫——というふうに選んで、それを三枚ずつ作ることもできます。

1、五×四（フィート）の旗のぼりの地の部分を切り取ります。旗のぼりの上部に四〜六インチ（約十〜十五センチ）の端縫いの部分を余分にとって下さい。石造の壁にはめ込んである木を利用するか、軽い金属棒を差し込んでたやすく吊すことができるようにするためです。端縫いをするか、壁面の木にステープルでとめて下さい。

2、紋章の図案を作りましょう。新聞紙に大きな楯を描いて下さい。これが大部分の飾りの型紙になります。地の部分を切り取った残りのフェルトから型紙に沿って十二枚の楯を切り取って下さい。それぞれの旗のぼりを地の色に映える色——紫の地には金の楯、緑の地には赤の楯など——を選びながら。

3、六枚の楯を対照的な色のフェルトで作った線で縦半分に区切って下さい。残りの六枚の楯は十字型のフェルトで四等分して下さい。

4、残りのフェルトの切れ端で、半分の楯、四半分の楯を埋める図案を作りましょう。紙の上に、たとえば一角獣、または後足で立っているライオンの図案を描いてみて下さい。それをフェルトの上にトレースします。金色のライオンを紫地の半分の楯の上に、赤の一角獣を緑地の四半分の楯の上に置いてごらんなさい。小さな幾何学模様やシンプルな花——たとえばばら、百合、あざみ——などの図案もこしらえてみましょう。あるいは農具——かま、すき、まぐわ——あるいは鎖の輪、十字架、星、鈴、煙突、かぶと、木々、りんご、あるいはあなたにとって重要な模様——かごでも熊でもかまいません。

5、楯にこれらの図案を縫いつけるか、のりづけするかします。さらに旗のぼりにこの楯をのりづけるか縫いつけるかして下さい。

一枚の旗のぼりに二枚の楯を置くのも、もちろん自由です。または、紫色の一枚の旗のぼりの上に大きな金色のライオンを置くことも、ライオンと一角獣が楯をささげ持つような形に配置することもできます。思う存分工夫してみて下さい！　ここにデザインのヒントをもう少しのせておきましょう。

時たま寝具売場や家庭用品売場で、精巧な壁掛け用の既成品が手に入ることがあります。中世やルネサンス様式のくっきりとした幾何学模様のベッドカバーなら、特に良いでしょう。房飾りや玉飾りもついていますし、ベッド用から壁用に転用するためには、それらは役に立ちます。画びょうでとめつけるか上端を縁縫いして、そこに長いカーテン用の棒を差し込むか、石造の壁にはめこんである木の部分から簡単に吊り下げられるようにします。紋章の図案をボール紙や紙から切りぬいて、それにつけて下さい。

広間の照明

中世の雰囲気をかもし出そうとするには、ろうそくの光が理想的です。大きくて、ろうのしたたらない、しっかりした受け皿のついたろうそくは、何本かまとめて大切な場所に置くことができます。その場合危険のないように、しかも劇的な効果が出るように考えて配置して下さい。ろうそくに加えて、オイル・ランプは柔らかい光を発するのに有効です。金属かガラスか陶器のボウルに植物油か鉱物油を入れて、その中にろうそくの芯を浮かべるか漂わせるかします。

もしろうそくやオイル・ランプが、特定のゲームや祭りの時に明りとして不充分ならば――あるいは消防法で覆いのない炎が禁止されているとしたら――その時は部屋にディマー・スイッチなどの明るさを調整する器具があるかどうか確かめましょう。もしあれば、それを〝弱〟の位置に合わせて使用することです。炎の形をした電球をふつうの電燈やシャンデリアに用いると、気品のある雰囲気になります。

テーブルのしつらえ

中世の宴会には、どんな形、どんなタイプのテーブルでも使えます。円卓、四角形、卵形、長方形のいずれもが、中世の挿絵に見られます。しかし最もよく使われるのは、細長い長方形の宴席用テーブルか、食卓です。このテーブルは主賓席にも、あるいは最も名誉ある客人達の席としても、ふつうの客人達の席としても使えます。主賓席に対し、後者をサイドボードと呼びます。カフェテリアの長いテーブルや、ピクニック用のテーブルは、テーブルクロスによって中世風に変身させることができます。でも、骨おしみせずに工夫すれば、宴席用の細長い食卓をあらたに作り出すことができるのです。

さあ、丈の高い古いドアをローテションしてみましょう。ドアを横に倒して、二つの小さなテーブルを足の代りにして支えます。あるいは、大工さんの使うホーゼスと呼ばれる木挽台の上にのせてもいいでしょう。ですから、こういった臨時のテーブルを中世では「馬と鞍のテーブル」（ホーゼス・アンド・サドル）と呼んでいました。

エンターテイメントのため、または給仕のために理想的なテーブルの配置はU字型です。U字の底の横棒が主賓席にあたります。U字の縦の二本棒が客人たちの席、すなわちサイドボードにあたります。スペースによっては、客人たちはテーブルの片側だけに並んでいる椅子、もしくはベンチに腰を下ろします。居合わせた人びとの顔が皆、U字型の内側を向いて座り、U字の中で、芸人たちが各々の芸を披露するのです。

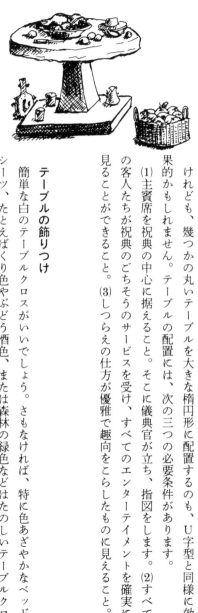

けれども、幾つかの丸いテーブルを大きな楕円形に配置するのも、U字型と同様に効果的かもしれません。テーブルの配置には、次の三つの必要条件があります。

(1)主賓席を祝典の中心に据えること。そこに儀典官が立ち、指図をします。(2)すべての客人たちが祝典のごちそうのサービスを受け、すべてのエンターテイメントを確実に見ることができること。(3)しつらえの仕方が優雅で趣向をこらしたものに見えること。

テーブルの飾りつけ

簡単な白のテーブルクロスがいいでしょう。さもなければ、特に色あざやかなベッドシーツ、たとえばくり色やぶどう酒色、または森林の緑色などはたのしいテーブルクロ

スになります。主賓席には、幾何学模様のついているダマスカス織り、または中世やルネッサンス特有の図案がついている、洗濯のきくつづれ織りのベッドカバーを使ってもよいでしょう。

東洋的な細長い敷物は、白や色物の布の上にかけると、ドラマティックなテーブルクロスになります。敷物は、もちろん使用の前後にはクリーニングを必要とします。

テーブルにお皿は必要ありませんが、その代り、丸型や卵型や角型に作ってある、本物のパンでできたトレンチャーという例の食べられるお皿を使います。食卓には刃物類も全く必要ありません。サイダーやワイン用には、中世風の金属製の取っ手つきのタンカードかマグカップを買い求めて下さい。同じく効果的で手ごろなのは、クリスタル・カットのグラスか、高い脚つきのウォーターグラスです。

各テーブルには、小型のスパイス皿が何枚か必要です。一つの皿は乾燥させたドライスイート・バジルを、二つ目はシナモンシュガー、三つ目は荒びき辛子、または塩といったようにです。青々とした野菜、新鮮な果物、チーズの小片、殻を取ったナッツ類なども便利なつまみと同様、テーブルの良い飾りになります。

これらの品々は金属のお皿に盛りつけられたり、布の上に直接、巧みに美しく飾りつけられたりします。

食べ物はすべて指でつまんでいただきますから、すべての客人に大きな布のナプキンを配っておく必要があります。

主賓席上の儀式用の品物――塩入れと〝アクワマニール〟

この塩入れは奇抜なものでなくてはなりません。現代のすばらしい塩入れは、つまらない材料からでも再生することができます。たとえば子供のおもちゃ箱にある、ちょっとこった船のモデルを使えば、フランス語で中世の船を意味するネフ（nef）と呼ばれる船形の塩入れを作ることもできます。金色に塗れば、たかがおもちゃの出とは思えないくらい重々しく見えることでしょう。こった飾りの花びん、大きく、とてつもなく飾り立てたふたつきのキャンディ入れなども、それにふさわしいでしょう。

塩入れを見つけるのに良い場所は、古道具屋か古美術商、または古くて使いものにならない贈答品をしまっておく地下室や屋根裏部屋です。人目を惹くだけの大きさがあり、しかもふだんに使うには奇抜すぎ装飾過剰のものが、良い塩入れになります。とにかくこれは単なる塩入れではなく、〝威厳〟を表わすものなのです。前にも出てきたように、宴席で最も重要な人たちが〝塩の上手〟に坐り、他のすべての人びとが〝塩の下手〟に坐ります。必要とあらば、古くてばかばかしいようなものでも、かくもすばらしい中世の儀式用品に変身させることができるのです。

手洗いの儀式に使うアクワマニールは、簡単な水差しでけっこうです。大きなものを使い、中に三分の一ほど湯を入れて、甘い香りのハーブか花びらをちぎったものを浮かべて下さい。客人の手に注いだ水を受けるために、大きくて浅いボウルも必要です。長いリネンのふきんも手近に置いて、すぐに間に合うようにしておくべきでしょう。二枚の皿拭き用のふきんか、ティーにそえて出す布製の小さなティー・タオルの端と端を縫い合わせたものでもよいでしょう。

もっと良いアクワマニールは、おもしろい動物の形をした水差しです。ライオンやドラゴン、または熊の形をしたアクワマニールは、めったに見つからないでしょう。けれども、台所から離れて視点を変えれば、他の物で転用することができます。クッキーの入れ物でもいいし、花屋さんの植木鉢でもいいのです。

13世紀の衣裳

衣裳とローブ・ローテーション

中世の休日を再現しようとする人びとの中には、安易に舞台衣裳に助けを求める人びとがいます。そうすれば確かにたやすく、中世やルネサンスの美しいシルクやヴェルヴェット、ブロケードの衣裳や宝石を身につけることができます。彼らは宴会という劇場で、中世の役割をよろこんで演じるのです。それぞれの土地のシェイクスピア劇団や歌劇団、または貸衣裳屋のおかげで、彼らは中世の衣裳を工夫して作り出すために知恵をしぼることはないのです。

そのほかの人びとにとっては三つの方法があります。

一つは現代の服装のままで、中世の祭典を挙行するという方法ですが、それはつまらないことです。中世の祝典の壮麗さを本当に享受するためには、あらゆる感覚が満足さ

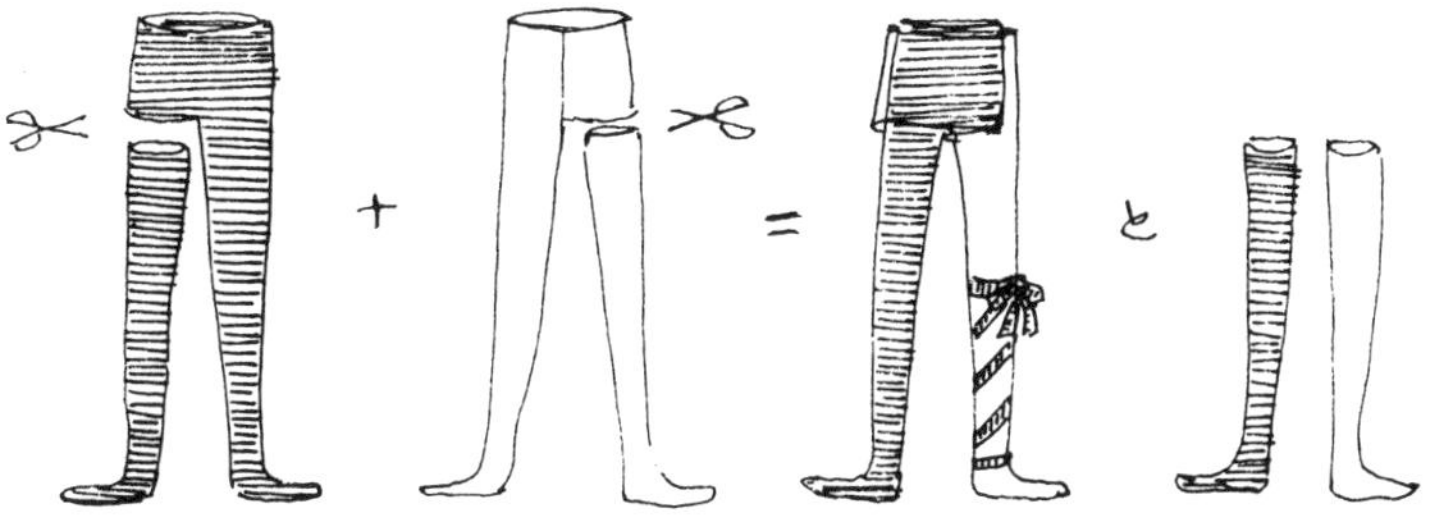

れねばなりません。見た目にも、感触からいっても、現代の服装は、一番簡単な中世の衣裳を着た時の喜びにさえかなうはずはありません。ですから、どんな簡単なものであろうとも、やはり中世風の衣裳を身につけるべきでしょう。

衣裳の必要性を解決する二つの目の方法は、ローブ・ローテーション、つまり現にある物を利用して、新しい目的に合うように変えるという例のやり方です。たとえば聖歌隊用のローブなどは、優秀な材料と言えましょう。男性用または婦人用のヴェロアやヴェルヴェットのバスローブもそうです。簡単なローブにいくつかの装飾品をつけることによって、王子様や王女様にもふさわしいような、中世のガウンに変身させることができるのです。

1、**衿**——古いコートかセーターの毛皮の衿を縫いつけるか、安全ピンでとめます。毛皮以外の豪華な衿飾りとしては、色のついたビーズ、金か銀の鎖、何連もの宝石、首飾り、大メダル（円形の飾り）などがあります。これらの物を縫いつけるか、またはゆるやかに首に掛けて胸のあたりまで垂らします。

2、**袖口**——古いコートの端から切り取った幅広の人造毛皮を袖口に縫いつけるか、ピンでとめて下さい。服地屋でヤード（一ヤード＝九十一センチ）単位で買い求めてもかまいません。または金か銀の幅広のブレードを袖口の外側か、または内側に縫いつけるかピンでとめて下さい。こういう縁飾りは、古いカーテンからとるとか、近くの十セント・ストアーで買うとかして下さい。

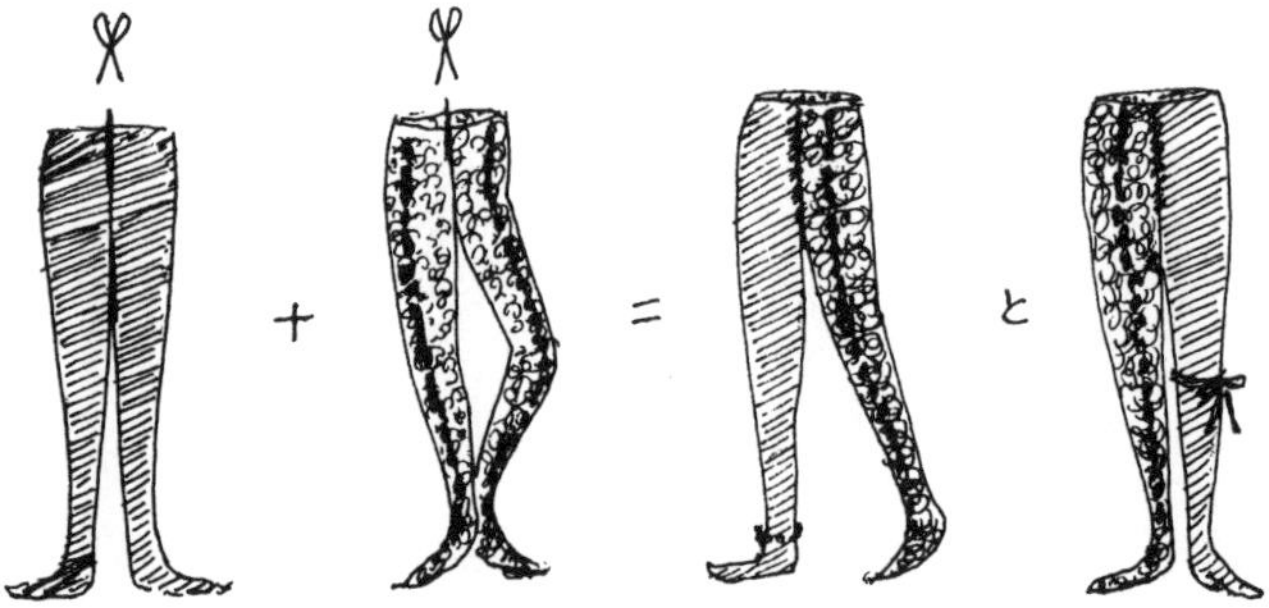

3、**裾**――裾のまわりに人造毛皮を縫いつけるか、ピンでとめて下さい。

4、**ベルト**――房飾りのついたオールドファッションのカーテンどめなどは最高です。あるいは金物屋でヤード単位で買った環の鎖も役に立ちます。犬をつなぐ金属の鎖も同様です。宝石のネックレスを二つか三つつないだものや、真珠のネックレスなどを、ウエストのまわりにゆるく締めるか、ヒップに向けて優美に下げて用います。

5、**靴**――バレーシューズか、かかとの低いブーツ、またはサンダルをはいて下さい。下にはソックスより長いタイツの方が便利です。

6、**帽子**――絹かビロードのぴったりした室内帽か、ベレー帽を用意して下さい。それにきらきら光る模造宝石を額の上にくるようにとめましょう。あるいは長い羽根をつけて、頭の横から首の方へカーブして垂れ下げるか、人造毛皮で帽子に縁どりしてもよいでしょう。もし王冠かティアラをお望みなら、それも作ってみましょう。

7、**その他の豪華な装飾品**――中世の男性も婦人も、レースや宝石、柔らかく優雅な織物、刺繍、そして毛皮を好んで用いたことをよく覚えておいて下さい。

衣裳の柄、布地、ミパルティ（色分け）

ローテーション・ローブは、中世の祝典にはとてもふさわしいものでした。それでもなお、もっとすばらしいのは、三番目の方法です。これもまたローテーション・ローブと同じように、すでにあるものを変身させて作り出すやり方ですが、あなただけのもの

を作ってみませんか。何しろ、必要は発明の母なのですから。

次のような基本形――フレヤー入りの広い袖のついたチュニックを考えて下さい。あなたがどんな社会的階層の人になりたいと考えているか、どの国のいつ頃のファッションを志向しているかによって、チュニックの丈の長さが決まってきます。当然、服装の歴史は十二世紀のドイツ人、十三世紀のパリの人、十四世紀のブルゴーニュの人、そして十五世紀のフローレンスの人などによって違ってきます。けれども一般的な〝中世〟の服装は、このチュニックが基本的です。それにいろいろなすばらしい装飾がほどこされるのです。ふつう女性は長いガウン、男性は短いガウンを着ます。衿や袖口、裾、ベルトに装飾を加えるところは、ローテーション・ローブの場合と同じですが、その前に決めなくてはならないことが二つあります。

一つは、生地です。どんなに安い生地でも、色あざやかなものなら大丈夫です。ウール、木綿、モスリン、フェルト、黄麻布（穀物袋などに使う目の粗いキャンバスのような布地）は皆結構です。季節によって、あるいはあなたのお財布と相談して、生地を決めて下さい。すばらしい生地の意外な提供源は、室内装飾品やカーテンのお店です。ソファのカバーには小さすぎても、人が着るには充分な大きさの豪華な生地のはんぱ物が安く手に入ります。

生地と色が決ったところで、次に決めなくてはならないのが、「色分け」です。色分けとは、衣裳の体の半分がそれぞれ別の色になっているという注目すべきファッション

14世紀の衣裳

です。ちょうど服の真ん中、首筋から裾にかけて線の入った基本的なチュニックを想像して下さい。右側が赤の手の込んだブロケード、左側は金色です。けれども左側の裾は赤色で右側の裾は金色です。

一度にたくさんの衣裳を作りたい場合、「色分け」は、いろいろな種類の衣裳を手早く安く作ることができます。たとえば十二枚の衣裳が必要なら、六種類の色の生地を選んで下さい。基本型を十二枚切り取ったら、それぞれのチュニックを半分に切ります。それから好もしい色の対照を選んで縫い合わせればいいのです。

「色分け」のファッションは足にまで及び、右足と左足とが別々の色になります。丈夫で不透明なダンス用タイツを手に入れるのが、てっとり早い方法です。対照的な色のタイツを二枚用意して下さい。右足を一枚目のタイツから、左足を二枚目のタイツからパンツの部分はつけたままにして、注意深く切り離して下さい。切り離した左右の足は不要です。そうしておいて、二枚のタイツを一緒に重ねてはくのです。そうすれば左右、別々の色のタイツのでき上がりです。

しかし、もしタイツがしっかりと作られているものだったら、二枚のタイツが二人用に間に合うかもしれません。すなわち、それぞれのタイツを正確に二つに切り取り、パンツの半分と片方の足とを、それと対照的な色合のパンツの半分と足に縫い合わせるのです。

無地の基本的なチュニックにしろ、色分けにしろ、単純な形を華麗なものに変身させる方法はたくさんあります。

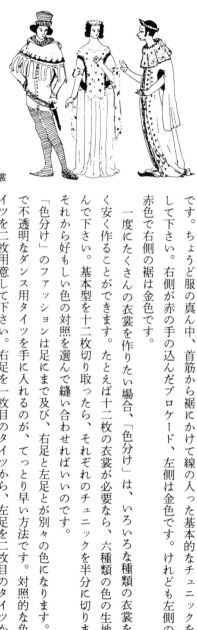

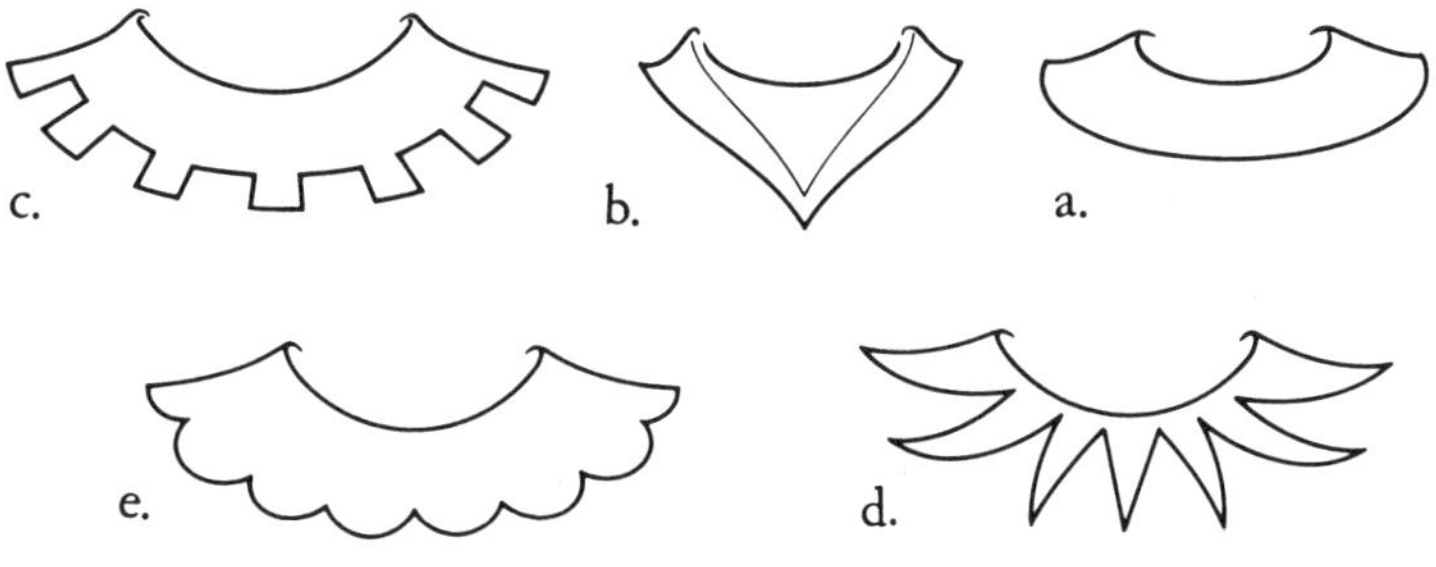

1、**衿**―いろいろな形の衿を人造毛皮やフェルトから裁つとよいでしょう。簡素な生地でも、はなやかなものでも、どちらでも結構です。

a、王冠（コロナル）型。簡単な王冠の形をした立ち衿。

b、V字型。シュブロン（山型のそで章）、もしくはV字型の衿。

c、縁飾り型。城壁（公式には銃眼付き胸壁）を上から見たような形。もしくは、一本おきに歯が抜けているような鋸歯《きょし》型の衿。

d、きらめき型。太陽光線が降りそそいでいるような形の衿。

e、ほたて貝型。海の貝を横に並べたような形の衿。

2、**袖**―手首に近い袖口の端の部分に、ローテーション・ローブのときと同じように、幅広の縁取りを使って、面白い袖飾りを作りましょう。

a、人造毛皮の幅広い縁取り、ブレード、または刺繍をしたリボンを縫いつけます。

b、袖口の裏側にも同様の縁取りを縫いつけるのも、一つのやり方でしょう。手を上げた時に、裏地が見えるということになります。

c、いろいろな形の袖、たとえばV字型、鋸歯型、きらめき型、ほたて貝型をした袖飾りを、袖と同じ生地か、あるいは別の生地から切り抜いて袖口につけます。

d、袖に穴をあけてみましょう。肩下から袖口近くにかけて細長い切れ目を入れて、切り口はかがり縫いをして下さい。そして下に大きく波打つようなフレヤーの入った袖の、色あざやかな下着を着ます。腕が動くたびに、切れ目から下の袖が見えるという具合で

15世紀の衣裳

す。両袖に、さらに二本から三本の切れ目を入れると、いっそうドラマティックになります。

3、**裾**—長いチュニックでも、短いものでも、裾は簡単に飾ることができます。

a、人造毛皮か、幅広の金色のブレード、または宝石をちりばめた縁取りをつけます。

b、裾の生地をV字型、鋸歯型、きらめき型、ほたて貝型に裁断します。

4、男性も婦人も、ウェストかヒップでベルトを締めます。

5、**帽子**—ヘニン (hennin)、シャプロン (chaperone)、シャプレ (chaplet)。ガウンやケープ（肩マント）の型は、中世の王子様や王女様も、街の男も女も同じようなスタイルですが、帽子は、男性だけ、または女性だけにしかかぶれないというものがあります。少女や婦人のかぶる基本的で広く用いられる中世の素敵な帽子は、ヘニンです。ライラパイプという細長い布を優雅に垂らしたシャプロンは、少年や大人の男性のかぶる基本的な帽子です。男性も女性も両方かぶるのが、シャプレです。

a、**ヘニン**——ヘニンは丈の高い、布をかぶせた円錐形の帽子で、最も優雅なダンス・キャップ（注：dunce cap——昔、学校で覚えの悪い、またはなまける生徒に罰としてかぶらせた円錐形の紙帽子）のようなものです。ヘニンの先端からつるした優美なシルクのスカーフかヴェールが背中まで垂れています。ヘニンを作るには、ボール紙などで頭に合わせて円錘形を作って下さい。または花屋さんが花をさすのに使う円錘形のスティロフォームを買いましょう。ヴァラエティ・ストアで手に入ります。それから服装にマッチする生地で円錘形をおおいます。こうしてできたヘニンを縁なし帽につけて下さ

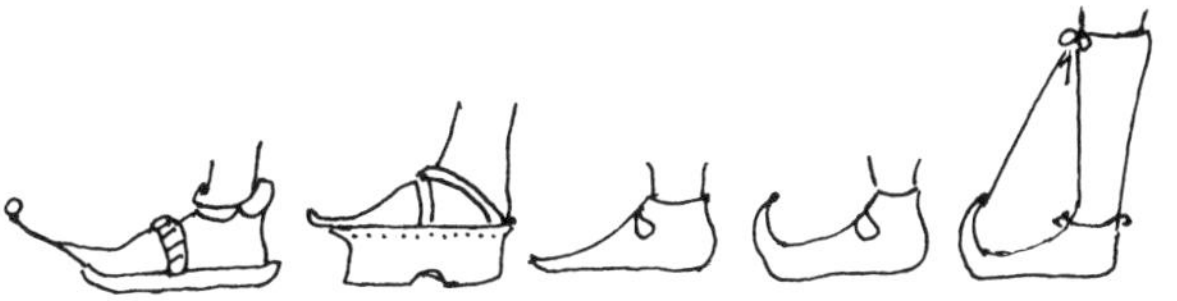

い。それをピンで髪の毛にとめつければ、しっかりと倒れないようにすることができます。もしヘニンが重すぎたり、丈が高すぎたりしてぐらつくようでしたら、あごの下で結べるようにリボンかゴムひもをつけて下さい。先端につけるスカーフはヘニンと同色でも、やや濃いか薄い色でもいいでしょう。

b、**シャプロン**——シャプロンはターバンに似た優雅な帽子です。シャプロンを作るときはラウンドレットという男性用の小さな丸い帽子、中に綿か紙くずをつめた布製のドーナツ型のものをまず作ります。それを生えぎわにあてて頭に合わせます。そして細長い布を、ラウンドレットと頭のまわりに二回巻いて下さい。はなやかな宝石のピンで布をラウンドレットにしっかり止めつけます。布の〝テイル〟(細長い布の先端部分)は背中に垂らすか、肩の上に波打たせて垂らして下さい。特に長いシャプロンのテイルをライラパイプ (lirapipe) と呼びます。

c、**シャプレ**——布の帯を生えぎわか、額の上にあてて頭に巻きます。宝石やスパンコールや図案を切り抜いたもので飾ってもいいでしょう。花輪飾りのシャプレは、春や夏の祝典には申し分のないものです。

6、**靴、ブーツ、プーレーヌ**

a、ローテーション・ローブ用には、バレーシューズかサンダルをはいて下さい。

b、プーレーヌを作りましょう。この靴は先が細長くとがっていて、はいている者がつまづかないように、内側から針金を通して先端を上向きにくるりと曲げています。バレーシューズを土台にして作りましょう。同色の柔かい皮かスエードを使って、細長い円錐形か平たい三角形に形を整えて下さい。先端に針金をさし込んで、三角形の内側に縫いつけ、それを粘着テープでしっかりと止めて下さい。この三角形をバレーシューズに縫いつけます。先端を歩行の妨げにならぬよう、調整して下さい。

c、この靴をはくときには、無地か、「色分け」のタイツをつけます。

このように、ローテーションという方法によって中世を再現することは、広間の飾りつけや客人の衣裳作りには役に立ちます。しかし、中世の祝典を本当に始める前には、もうひとつ用意しなければならないことがあるのです。つまり中世の豪華なごちそうと飲み物です。

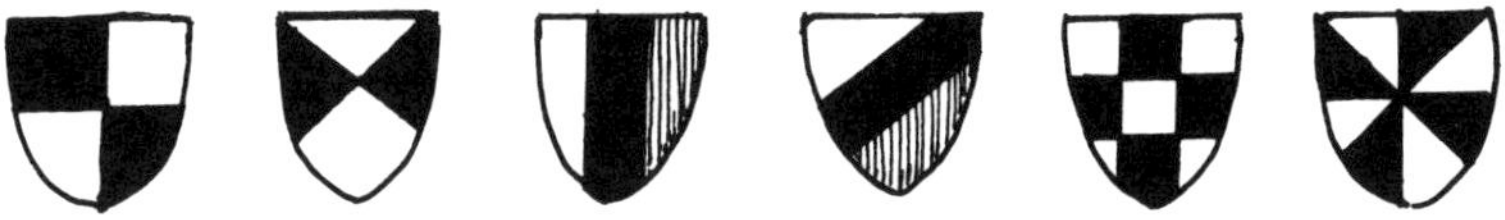

第十四章の解説

古いトランプの一種に、寓意画二十二枚からなるタロット（Tarot）札がありますが、その十番目にあたるのが「運命の輪」（The Wheel of Fortune）です。

本文では上部にすわるのが運命の女神、下部にしがみついているのは人間となっていますが、他の描かれ方もありました。たとえば一つの絵では、上部にすわるのはスフィンクス、輪の両側に二匹の動物か怪物、そして「輪」は棒の先につけられ、その棒はマストのように二艘の船を一緒にした中央からのびています。それぞれの船には〝積極〟と〝消極〟を現わす蛇が一匹ずついます。

車輪は永久の循環、運命の盛衰、豊饒なども象徴します。

さて、この章と次の章の特色は、中世風な雰囲気をどう再現するか、それもそこら辺にある何気ないものをうまく工夫して作るにはどうしたらよいか、その具体的な提案にあるわけで、あっと思うような名案が次々に出てきます。しかし、勝手な想像を駆使しているわけではなく、奔放とみえる思いつきの背後から浮び上ってくるものがあります。

たとえば壁に飾る旗のぼり（banner）を作る箇所一つ取っても、主な色を赤、金、緑、紫にするとか、紫の地には金の矛、緑の地には赤の楯のデザインで飾るとか、十字型のフエルトで四等分するとか、幾何模様や種々の図案など、著者の思いつきではありません。

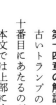

背後にあるものとは、ヨーロッパの紋章学の伝統なのです。そして単語にも、紋章学の特殊用語がかなり使われています。

ヨーロッパ中世の紋章は、主に楯に描かれています。楯そのものはギリシヤ、ローマからありますが、甲冑の発達で騎士の顔がわからなくなったことと、楯に個人のしるしを表現しなければならなくなったことは、無関係ではありません。起源は十一世紀と考えられていますが、後には紋章は世襲となりました。いつ世襲になったかは、決めるのは難しいのですが、アーサー王と円卓の騎士の物語を最初に集大成した十二世紀のフランス人作家、クレチアン・ド・トロワ（Chrétien de Troyes）の描くアーサー王世界の騎士たちの楯の装飾は、世襲ではありませんでした。

紋章はフランスからイギリスに伝えられたために、フランス語が多く使用されています。基本的な色は、赤（gules）、青（azure）、黒（sable）、緑（vert）、紫（purpure）、金（or）、銀（argent）で、本文とほとんど一致しています。金も銀もフランス語ですが、金は黄色も、銀は白も含みました。

楯の形は本文の挿絵通りですが、平面の分け方には種々の規則がありました。

本文のチュニックを作る箇所で、左右違った色分けを使う提案がありましたが、これなどもモダンなファッションではなく、紋章学にのっとったものなのです。〝色分け〟には、〝miparti〟という単語を使っていますが、これもフランス語の紋章学用語で二等分、つまり左右別な模様や色をもつ二分楯紋を意味します。英語では〝party〟で、四つに分けたのは〝quarterly〟。今の二分割は左右でしたが、上下にしたり、斜めにしたり、もっと複雑にと、分け方にもそれぞれの専門用語があります。

衿の作り方に出てくる王冠（coronal）にしても、Vの字型の山形模様（chevron）にしても、胸壁の逆さま（dagging）にしても、紋章からヒントを得ています。

紋章の図形には、色分けをする分割型と、幾何模様をあしらったもの、そして具体的な物を描いたものの三種類があります。フランスの紋章によく用いられるのは百合の花、イギリスではばら、ライオン、冠などです。

具象図形で本文に出てくるのは、ライオン、一角獣、ばら、百合、あざみ、かま、すき、まぐわ、鎖、十字架、星、鈴、煙窓、かぶと、木々などいろいろありますが、その他にも、龍、鷲、魚、いのしし、馬、ふくろう、熊、天使、英雄、猿など、いろいろなデザインが競い合いました。

一角獣（unicorn）は、馬か山羊の胴体に一本の角を頂く想像上の動物ですが、実在を信ずる人たちもいました。これもまた、太陽、英雄、威厳や英知の象徴とされてきました。

第15章

中世のお料理

中世の休日や祭りに出てくる多くの料理は、テキストの記述通りに作ることができます。

たとえば中世の本に出てくる五月祭のジャック・イン・ザ・グリーンのいろいろな作り方は、現代の〝ジンジャーブレッド・マン〟の作り方に驚くほど似ています。この中世のごちそうを再現するには、単にジンジャーブレッド・マン・クッキーに、あざやかな緑のアイシングか、小さな粒をちらした輪飾りをあしらえばよいのです。

また、そのほかの中世のごちそうを作ることで冒険する機会を皆さんは持たれることでしょう。というのは、材料を揃えるのはそれほど困難ではありませんし、味とスパイスの変化に富んだ使い方の妙には目をみはるものがあります。ここにあげるお料理では、すばらしく多様な舌ざわり、香り、味わいのお料理を用意してみました。そしてフルーツ・フリッターのようなごく簡単なお料理から、〝ばらの花びらパン〟のような複雑なパンの焼き方に至るまでの広い範囲を取り上げてみました。

次に現代の料理にも参考になるように、中世の台所からのヒントをいくつかあげておきましょう。

ごちそうを美しく色づける楽しさについて

チーフ・コックが料理の芸術家だったことを思い出して下さい。果物、野菜、クリーム、肉などの自然な色の上に、コックは天然の着色料を加えて、色あせて生気のない色を生き生きとさせたり、あるいは奇想天外なイメージを作り出したりしました。今日の野菜からとる自然な色素は、中世の食物に用いた着色料を生かしたものといえます。中世の着色料はお湯か白ワインで花や葉をゆでて作りました。赤の着色料にはばらの花びら、黄色や金色にはサフランとかたんぽぽ、緑色にははっか、パセリ、ほうれん草、はしばみの葉、青色にはヘリオトロープ、タンソール、薄紫色にはすみれといった具合です。

芸術的なコントラストを生み出すための気配り

あなたのメニューが簡素であれ豪華であれ、甘い物のあとにはぴりっとスパイスのきいた物を、ボリュームのある肉のあとには軽い新鮮な野菜を、色あざやかな食べ物のあとには淡い色の物をというように、取り合せのよいお献立になるよう心がけて下さい。中世のごちそうは、本当にドラマティックで見て楽しいものですから、見るからに立派なものを一品は用意するよう心がけましょう。たとえば一度むしった羽根で再びおおい直した鵞鳥《がちょう》のロースト（または孔雀や雉《きじ》）などは、饗宴のハイライトとして儀式的に供されました。

おもてなしの工夫について

どんなに乏しい予算でも、どんなに調理の時間が限られていても、饗宴を優雅に演出することはできます。手軽で安上がり、しかも簡単にできるメニューとしては、新鮮な果物、ナッツ類、そしてチーズをふんだんに用意して、凝ったデザインでお皿に盛りつけることです。それが奇抜なほどすばらしくなりましょう。パン屋さんに各々の月の祝祭にふさわしい突飛な形《サトルティ》のペイストリーやマジパンの装飾菓子などを注文するのもいいでしょう。

優雅な味の実例——ガルガンチュアのようにむさぼり食うのではなく

（訳者注：ガルガンチュア——フランスの作家ラブレーの風刺小説に出てくる鯨飲馬食する巨人王）

次にあげる調理法は少量ずつですが、いずれも少くとも十二人前の食事を目安にしています。

パンとケーキ

- 神のパン
- キャラウェイ・シーズのショートブレッド
- バラの花びらパン
- デスティニイ・ケーキ
- 丸型ケーキ——アーモンド・カーダモン・ケーキ

肉、魚、鳥肉

- 牛肉のフルーツ煮
- 甘い鶏《ケイポン》
- 鴨の手羽元のソテー
- 甘いフィッシュ・サラダ

米とパスタ

- ペパーミント・ライス
- パスタとアプリコット・バター

甘　味

- スウィズン・クリーム
- デーツのあえもの
- アーモンドのオムレツ

果物と野菜

- フルーツ・フリッター
- きゅうりのシナモンあえ
- 洋梨の砂糖煮（チャードワードン）
- 五月のサラダ

飲み物

- 温めて砂糖、香料を入れたりんご酒と洋梨のジュースの飲み物
- ラムズ・ウール

（訳者注：材料の計量の単位で、わかるものはすべて日本の慣例に換算してカッコ内に記しました。ただし、小麦粉とドライ・イースト、バターは計量方法が異るため、そのまま記しました。これはあくまで中世の料理を現代に生かそうとする一つの試みにすぎませんが、中世の食卓に想いをはせる方々の一助となれば幸いに思います。）

パンとケーキ

神のパン

この名前は〝神のパン〟または〝失われたパン〟という意味で、現代のフレンチ・トーストの中世版といったところです。

●新鮮な卵7個、黄味と白味を分けておく
●ホイップ用のクリームまたはミルク大さじ4
●塩小さじ¼
●シナモン小さじ¼
●ひいたクミンの種（キャラウェイに似た種類で特有のよい香りがある）小さじ½
●全粒粉かライ麦か、またはふすま入りのライ麦から作ったパン12枚を各々四角か三角に四等分する
●ブラウン・シュガー大さじ3
●厚手のフライパンか長柄のついた小型鍋のスキレットでいためるときのバター¼ポンド（一一三グラム）

1厚手のフライパンかスキレットでバターをこがさないようによく注意しながら、ゆっくり温めます。

2フォークか泡立て器で卵の黄味とクリームかミルクを混ぜます。それから白味を加えてもう一度よくかき混ぜます。
3 2に塩、シナモン、カミンを加えて、かき混ぜて下さい。
4 3の調味し割りほぐした卵の中にパンを浸し、たっぷりつけてからフライ返しで取り出して下さい。
5溶かしておいたバターでパンの両面を、黄金色に色づくまで焼きます。

6金網（ケーキ・クーラー）か大皿にパンを取り出し、ブラウン・シュガーをふりかけて下さい。熱い内にすすめます。

パンとケーキ

キャラウェイ・シーズのショートブレッド

●全粒か無漂白の小麦粉3カップ
●砂糖½カップ
●シナモン小さじ2
●カーダモンの粉小さじ½
●ジンジャーの粉小さじ½
●オールスパイス小さじ¾
●塩小さじ½
●キャラウェイ・シーズ大さじ1¼
●室温においたバター1カップ

1オーブンをあらかじめ350°（セ氏177°）に熱しておきます。

2砂糖、シナモン、カーダモン、ジンジャー、オールスパイス、塩、キャラウェイ・シーズを全部混ぜ合わせて、二等分します。ひとつは別にとっておきます。

3調理台やパンこね台のような丈夫で清潔な台の上で、2で二等分したスパイス類を小麦粉の中に手で混ぜ入れます。

4バターを両手で押しつぶし、台の上で3を少しずつバターに加えます。スパイス類が完全にバターと小麦粉の生地にまんべんなくゆきわたるまで混ぜます。

5浅い八インチ（20cm）四方のベーキング・パン（焼き型）の中に4でできた生地をぴったりと詰め込みます。

6よく切れるナイフで生地の表面に縦二インチ（5cm）横一インチ（2.5cm）の切れ目を入れます。そしてその一つ一つに浅く横に何本かの切れ目を入れます。

7生地の表面に、別にとっておいたスパイス類を振りかけます。

8黄色かごく薄い茶色、そしてさっくりするまで約一時間ほど焼きます。

9そのままベーキング・パンの中で冷まします。切れ目通りに割ってすすめて下さい。

10数日たった方がおいしくなります。キャラウエイのショートブレッドは、密閉した容器に入れてとっておくとよくもちます。

ばらの花びらパン

- ドライ・イースト2包
- お湯2カップ
- 蜂蜜大さじ6
- 無漂白の小麦粉か、全粒粉7カップ
- あら塩大さじ1 2/3
- 全卵6個と卵黄1個
- お湯で柔かくした小粒干しぶどう1カップ
- 溶かしバターか油、大さじ6
- ボウルとクッキー・シートに塗る溶かしバターか油
- ドライ・ローズマリー小さじ1½
- ドライ・バジル小さじ1½
- シナモン小さじ½
- 細かく刻んだばらの花びら2/3もしくは1カップ（赤いばら1〜2ダース、下記の注参照）
- 赤色の天然着色料、数滴（前にのべた中世のベーカーが作った方法によるもの）

1 ボウルにぬるま湯を½カップ入れてドライ・イーストを振り入れます。蜂蜜を入れてかき混ぜます。そのまま五分間おいて下さい。

2 1に残りのぬるま湯と小麦粉を約2½から3カップ加えて下さい。木のスプーンで二百回位かき回して下さい。濡れぶきんをかぶせて三十分から四十五分、暖かい場所において生地がふくらむまで、あるいは二倍の量になるまで、放置して下さい。

3 生地をこぶしで押して下さい。塩、溶かしたバター、全卵五個と黄味一個を加えて混ぜ合せて下さい。さらに小粒の干ぶどうを加えて混ぜ合せます。

4 すり鉢にローズマリー、バジル、シナモン、ばらの花びらを入れ、すりこ木ですりつぶし、ペースト状にします。生地にこれを加えよく混ざるようにこねて下さい。(このパンは淡いバラ色になるはずですが、もし花からの色が余り出ないようでしたら赤の天然着色料を少量加えて下さい。)

5 4の生地の中へスプーンを使って残りの小麦粉を混ぜ入れます。生地がボウルから離れるようになるまで、よくこねて下さい。

6 軽く粉を振った板か大理石の平板の上に生地を移し、なめらかに、つややかに、しなやかになるまで十分から十二分位こねて下さい。もし生地がねばねばして扱いにくかったら少量の小麦粉を加えて下さい。

7 ボウルにバターを塗って生地を入れます。濡れぶきんをかぶせ量が二倍になるまで約五十分間位、暖かい場所においてふくらませて下さい。

8 もう一度、生地をこぶしで押して下さい。濡れぶきんをかぶせて、量が二倍になるまで約三十分間、放置して下さい。

9 もう一度、生地をこぶしで押します。粉をふった平板に移して五分間、そのままおいて下さい。それから好みの形でも、ターバンのようにカールした形でも、ねじり型でも、生地を一個か二個に成形して下さい。バターを塗ったクッキー・シートにのせます。軽くふきんでおいをして暖かい場所に約二十五分間、量が二倍になるまでおきます。

10 オーブンをあらかじめ375°(セ氏190°)に熱しておきます。残りの卵全部を軽く泡立てて、一個か二個のパンの表面にハケで塗ります。五十分間、もしくはすてきな茶色になるまで焼いて下さい。指の関節でパンの上の方を軽く叩いてみて、中が空のような音がすれば焼き上がっています。焼き上がったパンを金網に移して冷まします。

〔注〕殺虫剤を散布していない花屋さんか、庭からばらの花を手に入れるのが望ましいです。

パンとケーキ

デスティニイ・ケーキ

このにわとこ入りの絞り出して型を作るケーキは、簡単にできる揚菓子です。じょうごか絞り出しの袋で種を絞り出して、愉快な、奇想天外な、あるいは〝未来を占う〟形を作って揚げるのです。

- ●よく割りほぐした卵3個
- ●塩小さじ½
- ●ミルク2カップ
- ●小麦粉4カップ
- ●ベーキングパウダー小さじ2か、小さじ2弱
- ●にわとこのジャム（プリザーブ）かプラムのジャム½カップ
- ●フライパンにたっぷり油を入れて揚げるときに使うサラダ油2カップ
- ●じょうご(ドーナッツメーカー)または直径½インチの筒先のついたパイ皮の絞り出しのチューブ
- ●蜂蜜大さじ6

1 割りほぐした卵に塩を入れて下さい。それをミルクの中に入れて勢いよくかき回します。

2 小麦粉の中にベーキングパウダーを混ぜ入れます。

3 1を少しだけ別にして、残りを2と混ぜ合わせて下さい。

4 3ににわとこのプリザーブかプラムのジャムを加えます。混ぜ合せた種が固くて、じょうごや絞り出し袋からよく出ないようでしたら、1の卵とミルクを補なって下さい。柔らかすぎて形がとれない場合には、もう少し小麦粉を新たに足して下さい。

適当な固さは濃いめのパンケーキの種ぐらいです。

5 広くて深いフライパンに油を入れて熱しフルーツジャム入りの種をじょうごや絞り出し袋で適当な形に絞り出し、油の中に落として下さい。空想的な形やイニシャルや図案ができます。きつね色になるまで揚げて下さい。

6 揚げ上がったらよく油を切って下さい。蜂蜜を軽くまぶして温かい内にすすめます。

丸型ケーキ，アーモンド・カーダモン・ケーキ

- バター　1カップ
- ブラウン・シュガー⅔カップ
- 割りほぐした卵1個
- 小麦粉2½カップ
- すりおろしたレモンの皮小さじ½
- あらびきのカーダモン小さじ¾
- 粉末アーモンドか、スライスアーモンド½カップ
- 小粒干しぶどうか、ふつうの干しぶどう1カップ
- クッキー・シートに塗るバター大さじ2

1オーブンをあらかじめ350°（セ氏177°）に熱して下さい。

2バターをクリーム状にして砂糖と混ぜ合わせます。木のスプーンで泡立ち加減になるまで強く混ぜて下さい。

3割りほぐした卵を加えて泡立てます。

4小麦粉にレモンの皮、カーダモン、小粒干しぶどうを混ぜ入れます。

54を3の中に混ぜ入れます。

6この生地を少くとも一時間は冷やします。

7よく粉をつけた手で生地を直径一インチ位（2.5センチ）の小さなボール状に丸めます。そしてバターを塗ったクッキー・シートの上に同じく一インチ位離して並べます。

8黄金色になるまで七分から十分間位焼きます。金網の上で冷ましてからすすめて下さい。

肉・魚そして鳥肉

牛肉のフルーツ煮

●牛の首の回りの肉(チャック)かシチュー用の肉2ポンド(907グラム)を½インチ(1.3センチ)の角切りにする
●ビール2カップ
●バター大さじ2
●サラダ油かコーン油大さじ1
●塩小さじ1
●種を除いたデーツ1ポンド(454グラム)
●ふつうの干しぶどうか小粒干しぶどう、1カップ
●細かく切ったアプリコット¾カップ

1ボウルの中に牛肉を入れ、ビールを注いで下さい。そのまま冷蔵庫で一晩冷やします。

2オーブンをあらかじめ325°(セ氏163°)に熱して下さい。

3牛肉を水切りザルに揚げて、汁気を切ります。ただし汁は捨てないでとっておいて下さい。

4ペーパータオルで牛肉の表面を軽くたたき水気をふき取ります。

5厚手のキャセロールかダッチオーブン(密閉のできるフタのついたがんじょうな鍋)にバターと油を溶かし、肉の表面全体にこげめがつくように焼きます。塩を振りかけデーツ、干しぶどう、アプリコットを加えて下さい。

6フタをして一時間半オーブンで焼きます。時々中をあけて汁気があるかどうか確かめ、とっておいたビールを足してこがさないように気をつけて下さい。

7後に出てくるペパーミント・ライスをそれぞれの皿に盛り、それにこの肉を盛りつけます。熱々をすすめて下さい。

甘い鶏《ケイポン》(食肉用の去勢した雄鶏)

●ケイポンか焼肉用の鶏4ポンド(1キロ814グラム)から6ポンド(2キロ721グラム)
●種を除いたデーツ1ポンド(454グラム)
●中位の辛さの辛子大さじ4
●濃いチキン・スープ大さじ2
●ドライ・バジルの葉小さじ1
●塩小さじ½(好みで少くとも)

1オーブンをあらかじめ325°(セ氏163°)に熱しておきます。
2辛子大さじ1は別にとっておきます。
3デーツ、辛子大さじ3、チキン・スープ、バジル、塩を混ぜ合わせます。
4 3をケイポンに詰めます。ケイポンの表面に別にとっておいた辛子をハケで塗ります。
5フタ付きのロースティング・パン(耐熱鍋)にケイポンを入れ、オーブンで一時間十五分から一時間半、もしくは柔かくなるまで焼きます。最後の十分間は皮がパリッとするようにロースティングパンのフタをとって焼きます。

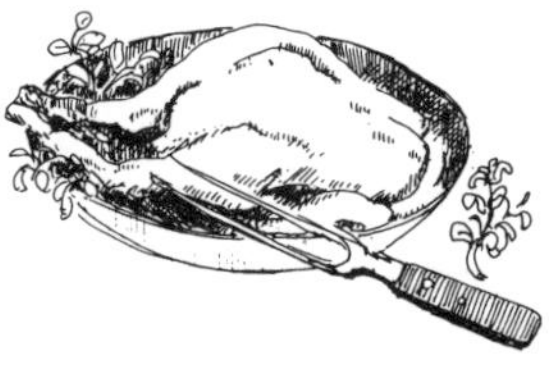

鴨の手羽元のソテー

- 鶏の手羽元24本で代用
- 全粒粉か、小麦粉1¼カップ
- 塩小さじ½
- 砂糖大さじ½
- ドライ・バジル小さじ1
- ベーキングパウダー小さじ1⅛
- 蜂蜜大さじ1
- 割りほぐした卵2個
- 溶かしバター⅛カップ
- ミルク⅔カップ
- フライパンか厚手のスキレットでいためるときに使うバター か油¼カップ

1大きなボウルに小麦粉、塩、砂糖、バジル、ベーキングパウダーを入れて混ぜ合わせます。もうひとつのボウルには蜂蜜、卵、バター、ミルクを混ぜ合わせます。

2 1の両方をさらに混ぜ合わせて、なめらかなパンケーキの種のような衣を作ります。

3フライパンかスキレットにバターか油を溶かしゆっくり熱します。

4鶏の手羽元を衣に浸したっぷりつけます。両面をそれぞれ六分間位、ゆっくり焼いて下さい。

5こんがり焼けたら取り出して、温かいうちにすすめて下さい。

6残りの衣で、小さなパンケーキができます。フライパンにバターをよくなじませてから、小さじ一杯分の衣をひとつずつ落とし入れます。表面にぷくぷく泡が立ってきて、裏側がきつね色になったら、ひっくり返して反対側にもさっと焼き色をつけます。鶏の手羽元のソテーに添えてすすめて下さい。

甘いフィッシュ・サラダ

簡単にできる、冷たい魚と果物のあえものは、パイ皮の器に入れて供します。

- 種を除いたドライ・デーツ24個
- 調理し冷ましたサーモン（ツナ、マス、ヒラメ、タラ、スズキでもよい）2カップ
- 塩小さじ1/8
- ひき立ての黒コショー小さじ1/8（好みで少くとも）
- スライス・アーモンド1/2カップ
- 砕いたドライ・パセリ小さじ1/2
- 砕いたドライ・ローズマリー小さじ1/2
- すりつぶした松の実小さじ1
- 装飾用のドライ・デーツ追加分12個、種を除きドーナツ型に切って、更に四ツ切りにする
- 新鮮なディルかパセリの小枝12本
- 小さなパイ皮の器12個

1 デーツをまな板の上に水平に置いて、よく切れる小さなナイフで切りますと、種をとった跡が穴になって、ドーナツ型になります。ナイフを小まめに濡らしてデーツがナイフにくっつかないように又は互いにくっつき合わないようにして下さい。

2 大きなボウルに魚を入れ、そこへアーモンド、ドーナツ型のデーツ、パセリ、ローズマリー、松の実を混ぜ入れて、塩、コショーを振っててていねいに混ぜて下さい。

3 十二個の焼いたパイ皮の器の中にそれぞれ同量のフィッシュ・サラダをスプーンですくって盛って下さい。冷めたパイ皮でもよし、お好みなら盛る直前にパイ皮を焼き直し、パリッとさせてもよいでしょう。

4 ドーナツ型に切ったデーツを更に十文字に切ったものとディルかパセリの小枝で、パイ皮の器をそれぞれきれいに飾って下さい。

ペパーミント・ライス

●米2カップ
●水4カップ
●塩小さじ¼（好みで加減）
●バター大さじ2
●包丁でたたいたペパーミントの葉を大さじ2、あるいはドライ・ペパーミント小さじ2とたたいた新鮮な生パセリ大さじ2を一緒に乳鉢ですりつぶしたもの（ペパーミント・ペースト）
●緑色の天然着色料

1大きくて厚手のソース・パン（深鍋）に米、水、塩、バター、お好みで着色料、そしてペパーミント・ペーストを入れて下さい。強火で沸騰させます。

2フタをしてとろ火で十二分から十五分間、汁気がなくなるまで炊いて下さい。お米は淡い緑色に炊き上がるでしょう。

パスタとアプリコット・バター

●ドライ・アプリコットを小さく切ったもの1カップ
●オレンジジュース½カップ
●バター大さじ8
●蜂蜜大さじ2
●シナモン小さじ¾
●すりつぶした松の実小さじ1
●パスタ½ポンド（227グラム）小さく折ったスパゲティ、マカロニ・エルボウ（湾曲したマカロニ）、ヌードルでもよい
●水約3ℓから4ℓ
●塩大さじ1
●サラダ油大さじ½

1 ほうろうのソース・パンにアプリコット、オレンジジュース、蜂蜜、バター、シナモン、松の実を入れ、ごく弱火にして、五分間程煮ます。
2 大鍋に水と塩と油を入れてぐらぐら煮立てます。
3 湯の中にパスタを入れ、フタをしないで九分から十分間強火でゆでます。
4 水切りザルにパスタを揚げて、完全に水切りします。大鉢に盛って下さい。
5 パスタにアプリコット・バターをかけ回し、二本のフォークですくうように混ぜ合わせて下さい。熱い内にすすめます。できたてが一番です。

甘味

スウィズン・クリーム

金色の、レモンとたんぽぽのクリーム――すなわちスウィズン・クリームは、いちょうに切ったりんごと一緒に、あるいは後に出てくる〝洋梨の《チャード》砂糖煮《ワードン》〟やダーク・ブレッドに添えて供されます。

●大きいレモン2個
●たんぽぽか、金色のスクワッシュ（カボチャの類）の花10本
●固く泡立てたクリーム2カップ
●塩小さじ$\frac{1}{8}$
●砂糖$\frac{3}{4}$カップ

1レモンの皮を細かくすりおろして別にとっておきます。

2たんぽぽから花びらを取って、よく切れるナイフで細かく刻みます。またはスクワッシュの花を注意深く細かく刻みます。
3 1と2を静かに混ぜ合わせます。
4中位のボウルの中にクリームを入れ、泡立て器で勢いよく泡立てて下さい。塩と砂糖を加えながらクリームの表面がとがって立つ位、固く泡立てます。

5クリーム全体に3を振りかけて注意深く混ぜ合わせて下さい。

甘味

デーツのあえ物

●種を除いたデーツ、一ポンド（454グラム）
●ドライ・デーツ・ナッツパンかつぶつぶした歯ざわりのブラウン・ブレッド（ふすまを取らない小麦粉で焼いたパン）4切れ
●固ゆで卵3個
●塩小さじ1/8
●リコッタチーズ（訳者注：イタリア・チーズ。粒状チーズをしぼって固めてあり、サラダの具、パスタのつめものに使用）か、クリームチーズ1/2カップ
●ビーフ・ブィヨン1/2カップ
●細かく砕いたドライ・スィート・バジルのフレーク大さじ2
●のこぎり歯の口金をつけたパイ皮用絞り出し袋

1よく切れるナイフを濡らして、詰めるのに都合のいいようにデーツをそれぞれ縦に切ってカヌー型を作ります。（その際デーツがくっつき合わないように濡れぶきんの上にのせておきます。）

2パンを細かく切り刻むか、粉々にほぐすかして細かいパン粉を作って下さい。

3フォークでゆで卵を粗みじんにして、塩とバジルを加えて混ぜて下さい。

4チーズを半量のブィヨンで溶いて下さい。

52と3と4を混ぜ合わせます。

6もし5の混ぜ物が固すぎて絞り出しの袋からよく出ないようでしたら、ブィヨンをもう少し足して下さい。

7絞り出し袋を使って、ていねいに、手際よく5の種をカヌー型のデーツの中に絞り出して飾って下さい。

甘味

アーモンド入りオムレツ

●卵7個
●塩小さじ½
●クリームかミルク¼カップ
●サフランの粉小さじ¼
●蜂蜜大さじ1
●小粒干しぶどうか、ふつうの干しぶどう¾カップ
●ダイスド・アーモンドか、スライス・アーモンド¾カップ
●大きなフライパンかスキレットでいためるときのバター大さじ3
●乾燥させたディルの葉、小さじ1

1ボウルに卵を割り入れ、塩、クリームかミルク、サフラン、蜂蜜を加えてフォークか泡立て器で強くかき混ぜます。

2さらに小粒干しぶどうとダイスド・アーモンドを加えてもう一度強くかき混ぜます。

3スキレットの中に溶かしたバターが熱くなったら、2を注いで下さい。オムレツが固まるまで二、三分焼きます。フライ返しで半円形に折りたたんで両面にこげめをつけるか、円いまま、オムレツをくずさないように手早くひっくり返して裏側にこげめをつけるかして下さい。

4三角形に切り分けて、それぞれにディルを振りかけて熱い内にすすめて下さい。

きゅうりのシナモンあえ

●大きいきゅうり2本
●砂糖小さじ2
●シナモン小さじ1

1洗ったきゅうりを四分の一インチ(6ミリ)の厚さの輪切りに切って下さい。

2シナモンと砂糖をよく混ぜ合わせてから、食塩入れのような容器に入れて下さい。

3きゅうり全体に砂糖入りシナモンを振りかけます。お皿に美しく盛りつけてから、すすめて下さい。

フルーツ・フリッター

●固めの大きい洋梨4個
●大きいりんご4個
●小麦粉2カップ
●卵2個
●塩小さじ¼
●ビール大さじ2(必要ならふやす)
●バター¼ポンド(113グラム)
●油大さじ1½
●ブラウン・シュガー大さじ4

1洋梨とりんごの皮をむいて四つに切り芯と種を取り除いて下さい。さらにそれをこわさないように、しっかりした十六枚の三日月型に切ります。

2卵に塩を入れてよくかき混ぜます。

3小麦粉に卵とビールを加えてむらなく混ざるまでよくかき混ぜます。固すぎたらもう少しビールを足して下さい。パンケーキの濃いめの種ぐらいの固さが適当でしょう。

4りんごと梨にそれぞれたっぷり種をつけて下さい。

5スキレットにバターと油を熱し、三日月型がそれぞれ黄金色になるまで焼きます。

6フライ返しで金網に取り上げて下さい。

7温かいうちにブラウン・シュガーをふりかけてすすめます。

果物と野菜

洋梨の砂糖煮《チャードワードン》

おいしくスパイスのきいた洋梨の砂糖煮は、ハード・チーズかダーク・ブレッドに添えていただくと最高です。そのままでも、スウィズン・クリームに添えても供されます。

- ●レモン1個、室温におく
- ●固めの熟した洋梨8個
- ●砂糖¾カップ
- ●シナモン小さじ¼
- ●ナツメッグ小さじ¼
- ●ジンジャー小さじ¾
- ●水1カップ
- ●塩小さじ⅛

（訳者注：ハード・チーズは、オランダの〝エダム・ハード〟など、固めのチーズ）

1 浅いボウルにレモン汁を絞り取ります。
2 洋梨を四つ切りにして皮と種を除きます。
3 ひたひたのレモン汁の中に洋梨を浸し、脇に置いておきます。
4 塩を入れてお湯をわかします。
5 洋梨を水切りザルに揚げて汁気を切ります。レモン汁は捨てて下さい。
6 沸騰したお湯の中に洋梨を入れます。砂糖、シナモン、ナツメッグ、ジンジャーを加えてかき回します。洋梨が柔かくなるまで十二分から十五分位、弱火で煮て下さい。途中で何回かかき回して下さい。
7 温かいままでも、冷たくしても（お好みで）すすめて下さい。

五月のサラダ

新鮮な緑の祭典にふさわしいこのサラダは、二種類の青い葉の野菜を主体にして、緑色のハーブ、果物、豆類をとり合せてみました。

●レタス½個は洗ってちぎっておく
●ほうれん草½ポンド（227グラム）は洗ってちぎっておく
●エンダイブの小房1個はきざむ
●フェンネル4茎はきざむ
●パセリの小束1つはきざむ
●グリーンゲージ・プラム7個（金緑色の西洋すもも）は種を取ってたてにうすく切る
●緑色の種なしぶどう1カップは1つずつ4つ切りにする
●新鮮なえんどう豆1カップ
●ブロッコリー½個は洗って小房に分ける
●大きめのライム1個

――ドレッシング――
●リコッタ・チーズ⅔カップ
●ライム・ジュース大さじ2
●サワークリームかヨーグルト1カップ
●ドライ・スイート・バジル小さじ1
●辛子大さじ2（好みで多くしても）
●緑色の天然着色料5滴（前に触れた中世のやり方で、ほうれん草から作る）

1おしゃれな大鉢に、ちぎったレタス、ほうれん草、きざんだエンダイブ、フェンネル、パセリ、プラム、ぶどうを盛りつけて下さい。

2えんどう豆とブロッコリーの小房を小なべに入れて、水をかぶる位に入れ三分間ゆでて下さい。
3 2を水切りザルに上げて湯は捨てます。少し冷ましてからサラダに加えて下さい。
4ライムの皮を細かくおろしてサラダにかけます。

5大きなスプーン二本か両手で、サラダをすくうように混ぜ、緑の野菜の材料が全部よく混ざるようにして下さい。

6ボウルにドレッシングを作ります。リコッタ・チーズの中にライムジュースを入れて混ぜて下さい。

7もうひとつのボウルにはサワークリームかヨーグルトを入れて辛子とバジルを加えよく溶かして下さい。
8 6と7を混ぜ合わせます。もし色が感じの良い淡いグリーンになれば結構です。色がよく出ないようでしたら、すてきなグリーンのドレッシングになるように天然着色料を加えて下さい。
9テーブルに出す前にサラダ全体にドレッシングをかけ、すくうように混ぜて下さい。

飲み物

温めて砂糖、香料を加えたりんご酒と洋梨のジュースの飲物

- 新鮮なりんご酒と洋梨のジュース3コーツ(2.9ℓ)
- ナツメッグ小さじ1/4
- タイム小さじ1/8
- ジンジャーの粉小さじ1/2
- シナモン・スティック7本
- ごく細かく砕いたドライ・スィート・バジル大さじ1

1 大きなほうろう鍋に洋梨のジュース、ナツメッグ、タイム、ジンジャー、シナモン・スティックを入れて弱火で静かに煮て下さい。

2 シナモンの棒を取り出して、人数分に折り分け、めいめいのタンカードかグラスまたはチャリス(杯)の中に分け入れます。その上から温めたりんご酒を注ぎます。

3 めいめいのグラスにスィート・バジルを少量振りかけます。

ラムズ・ウール

この適度にスパイスのきいたサイダーは、いろいろな方法で作ることができます。ただ、その表面に〝小羊の毛《ラムズ・ウール》〟のような白いりんごとクリームが浮かんでいることが大切なのです。そのりんごも中世の調理法のあるものは、りんごがはち切れるまで「焼く」とありますし、あるいは「あぶる」「蒸し焼きにする」「ゆでる」という具合にさまざまです。ここにあげるアップル・サイダーにはアルコール分は含まれませんが、サイダーの代りに白ワイン、軽いビールあるいは強い黒ビールを使う方法もあります。季節に応じて温めても冷やしても、おいしくいただけます。

- ●アップル・サイダー1ガロン（3.8ℓ）
- ●砂糖1/2カップ、もしりんご酒が酸っぱいようならふやす
- ●ナッツメグの粉小さじ1/8
- ●シナモンの粉小さじ1/4
- ●ジンジャーの粉小さじ1/2
- ●皮をむいて種を除いた小さなりんご12個
- ●固く泡立てたクリーム2カップ
- ●塩小さじ1/4
- ●ブラウン・シュガー大さじ2

（訳者注：本文のりんご酒にはアルコール分が含まれていますが、ここのアップル・サイダーはノン・アルコールのものです）

1 大きなほうろう鍋にアップル・サイダーの四分の三を入れ沸騰させないようにゆっくり温めます。

2 もうひとつのほうろう鍋に残りのアップル・サイダーを入れて、りんご、砂糖、ナツメッグ、シナモン、ジンジャーを加えて沸騰させます。りんごの形がなくなり〝泡状〟になるまで強火で煮ます。

3 大きな食卓用のガラスの器に1を注ぎ入れます。熱で器にひびが入らないよう前もって少し温めておいて下さい。

4 2を3に注ぎ入れます。

5 クリームに塩とブラウン・シュガーを加え、クリームの先がとがるようになるまで泡立てます。

6 クリームをスプーンですくってラムズ・ウールの上にのせて下さい。あるいは、食卓でめいめいのタンカードに直接のせてもよいでしょう。

おわりに

この本はヨーロッパ中世の祝祭典という、実は尨大な主題を扱っています。〝中世〟とはどの時期を指すのかにしても、もし西ローマ帝国の崩壊からルネッサンスまでと大きくとれば、一千年に近いものとなりますし、狭くとっても数百年は含まれることになります。場所にしても、主にイギリスを中心にしてはいますが、他の地域が入ってこないわけではありません。また、今日の私たちが抱く〝国家〟の観念が、そのまま通用するわけではありません。

これだけの時間的、地理的ひろがりをもった主題を一つにまとめることは、もし学問的正確さを要求するならば、無理な話です。政治的社会的にも大きな変動がありました。本文に出てくるマミング一つをとっても、民衆劇から宮廷へ、そしてまた旅芸人へと時代によって変化していきますし、ケルトの聖職者ドルイドにしても、シーザーなどの報告から築き上げられた奇想天外な伝説を排し、歴史のかなたに実体を探ろうとすれば、迷路に踏み入ってしまうことになるのです。

でも、もし発想を変え、とらわれない眼で著者の描く世界を眺めるとすれば、これはまあ、なんという魅力的な世界でしょうか。

人びとがまだ闇を恐れ、太陽を崇め、それぞれの物の背後に超自然的な存在を感じる力を持っていた、そんな遠い、そして懐しい日々のお話なのです。

それから、ひとつひとつの行事の背後に、どんな意味が隠されているのか、キリスト教といえども、太古からの人間のいとなみ、土俗的な信仰は消すことができなかったこともわかります。

また、何気なく見逃してきた物に与えられてきた意味。**12**にこれだけの解釈がなされているのなら、他の数字も注目されてこないはずはありません。車輪、いのししの口にくわえたオレンジ……そうして、私たち一人一人の身の廻りの物にも？

その意味でも、この本は、やさしく書かれた本でありながら、難しい内容を含んだ作品です。祝祭典の案内書としてここで終るのではなく、実はここから出発する、〞初まりの本〟でもあります。

どこへ出発するのか、それは私たちのそれぞれにかかっているでしょう。著者の提案通りに、中世の雰囲気の再現かもしれないし、意味を求めての旅、ヨーロッパではなく、日本の祝祭典、その歴史と意味へかもしれませんし、家紋の調査へかもしれません。

いずれにしても、一つの探求の旅を、この本は示しているのだと言ってよいのではないでしょうか。

この本の訳出に当っては、数多くの方々のお世話になりました。田丸メリー・ルイス、ジーン・ジャンセン、トーマス・インモース、松本たま、川中なほ子、今井萬亀子、竹内慶子、平野加代子、和田敦子の諸氏に心から御礼を申し上げます。山鹿夫美さんには、数多くの挿画を描いていただきました。また、原書房の長岡正博氏の熱心な御支援にも感謝する次第でございます。

加藤恭子
山田敏子

新装版あとがき

約三〇年も以前に出版されたマドレーヌ・コズマン著『ヨーロッパの祝祭典』が、新装版『ヨーロッパの祝祭と年中行事』として出ることを版元からお知らせいただき、心よりうれしく、感謝している。

この訳書は、私自身にとっては二重の意味で思い出深いものであった。

一つは、一五年にわたるアメリカ滞在は、八年と七年になるが、最初に帰国したとき、共訳者山田敏子のお父様で、亡夫の恩師だった木村雄吉先生が、

「敏子たちに、英語を教えてやってくださいませんか?」

と、おっしゃり、学習院女子中・高等科生を中心に、自宅で英語教室を開きはじめたことだった。その中に、共訳者をはじめ、今井萬亀子、竹内慶子、平野加代子、和田敦子の諸氏——何冊もの本を一緒に翻訳することになる女性たちがいた。制服姿ですわっていた少女たちは、その後〝翻訳仲間〟に育ったのだ。

もう一つの思い出は、著者のマドレーヌ・ペルナー・コズマン(Madeleine Pelner Cosman)博士、その人である。

ニューヨーク市立大学で、中世とルネッサンス史の教授をするかたわら、医事法に

くわしく、医学部でも教えていた。中世やルネッサンスの日常生活について書くだけではなく、それを現代の生活の中でどう生かしていくかの実践にも興味をもっていた。ハーブ・ガーデンを作り、他の分野でもどう生かしているか、私はやがて知ることとなる。

ニューヨーク郊外に住んでいた彼女とマサチューセッツ州に住んでいた私とでは、会うことは難しい。手紙のやりとりで、お互いにファースト・ネームで呼ぶようになった。

彼女の作品を日本語に訳すにあたり、一章ごとに私自身の解説をつけてもよいかと質問すると、「フランス中世文学の専門家のあなたがつけてくれるのなら、有り難い。日本の読者にわかるように」と好意的な返事がきた。

何年のことだった忘れたが、一週間ニューヨークに滞在して、一日を彼女と過ごすことになった。

中世風に豪華な家。窓のカーテンも布が重く、模様は中世のデザイン。大きなお盆は金色で周囲に黒や赤で華やかな絵が描かれている。それを賞めると、彼女は、

「これも、あれも、それも、全部私お手作りよ」

と、言う。古い盆に金色の絵の具をべったりとぬり、花々を上から描くのだそうだ。それから二階の一部屋には、ロングドレスが百着以上も並んでいた。アメリカ国内だけでなく、ヨーロッパ諸国、中南米、アフリカ諸国にまで講演に行く。いつもロングドレス姿だ。

「あなたは、よっぽど金持ちなのね」

と、言うと、とんでもないと、作り方を教えてくれた。古いドレスのスカートを大

きく開き、そこへ太いレースを何重かにつけて長くするとか、別な布を襞をとってつけるとか。

「すばらしい！　私の人生の最上の日だわ！」

と、私が叫ぶと、彼女はクリスマスの天使の歌をラテン語で歌ってくれた。

「天の神に栄えあれ、地上には平和を、人びとには善意を」である。

「あなたとは、いい友達になれる。これからもずっと文通を続けてね」

と、彼女はしっかりと私を抱き、私も抱き返し、迎えのタクシーに乗って、別れた。

欧米では、人の年齢を訊ねない。私より年上だと思っていたマドレーヌは、実は八歳も年下だった。そして、二〇〇六年に六八歳で亡くなってしまった。ただ、彼女の業績はすばらしい。新装版となる『ヨーロッパの祝祭と年中行事』を見い出し、初版刊行の際にお世話になった元原書房の長岡正博氏と田丸メリー・ルイス氏、そして訳に協力してくださった今井萬亀子、竹内慶子、平野加代子、和田敦子の諸氏に、共訳者とともに御礼を申し上げる次第である。すぐれた著作に二度目の生を与えていただけることに対し、原書房の成瀬雅人社長と百町研一氏に感謝したい。

二〇一五年七月

加藤恭子

索　引

ア行

カ行

サ行

タ行

ナ行

ハ行

マ行

ヤ行

ラ行

ワ行

著訳者略歴

マドレーヌ・P・コズマン Madeleine Pelner Cosman

1937年生まれ。コロンビア大学医学部に入学し、二人の子どもを育てながら医学を修め、さらに同大学史学部に入学。医師のかたわらニューヨーク市立大学の中世・ルネサンス史教授を務めるなど、自然科学と人文科学両分野において多彩な活動をおこなった。中世の衣装や料理、音楽や住まいなどを現代の生活の中に再創造していこうとした実践者でもあった。邦訳書に『中世の饗宴――ヨーロッパ中世と食の文化』(原書房)がある。

加藤恭子 (かとう・きょうこ)

1929年、東京生まれ。早稲田大学文学部仏文科を卒業と同時に渡米・留学。ワシントン大学修士号。フランス留学、再渡米を経て、1961年帰国。早稲田大学大学院博士課程修了。1956年から1972年渡米。専攻はフランス中世文学。1973年上智大学講師。1995年より同大学コミュニティ・カレッジ講師。現在は「加藤恭子のノンフィクションの書き方講座」の講師、第一生命財団顧問。主著に『「星の王子さま」をフランス語で読む』(ちくま学芸文庫)、『言葉でたたかう技術』(文藝春秋)、『昭和天皇と美智子妃　その危機に』(文春新書)、『追憶のセント・ルイス』(論創社)、『伴侶の死』(文春文庫)、『MUST の人生』(中央公論新社)などがある。

山田敏子 (やまだ・としこ)

1939年生まれ。1963年学習院大学文学部イギリス文学科卒業。1963-66年、学習院大学イギリス文学科嘱託。共訳書に、リチャード・セヴェロ『リサ・H――エレファント・マン病とたたかった少女の記録』共訳加藤恭子(筑摩書房)がある。

ヨーロッパの祝《しゆく》祭《さい》と年《ねん》中《ちゆう》行《ぎよう》事《じ》［新装版《しんそうばん》］

2015年8月28日　初版第1刷発行

著者……………………マドレーヌ・P・コズマン
訳者……………………加《か》藤《とう》恭《きよう》子《こ》＋山《やま》田《だ》敏《とし》子《こ》
発行者…………………成瀬雅人
発行所…………………株式会社原書房
〒160-0022 東京都新宿区新宿1-25-13
電話・代表 03（3354）0685
http://www.harashobo.co.jp
振替・00150-6-151594
挿画……………………山鹿夫美
装幀……………………小沼宏之
印刷・製本……………株式会社平河工業社

ISBN978-4-562-05198-4　Printed in Japan

本書は1986年小社刊『ヨーロッパの祝祭典』に
新版あとがきを加えた新装版である。